天風《てんぷう》入門《にゅうもん》

中村天風の教えで幸福になる！

南方哲也 編著
財団法人 天風会 監修

『天風入門』を推薦する

本書の編著者である南方哲也氏は、現在、財団法人天風会の教務委員会の教務主任であり、中村天風先生の教えである「心身統一法」を正確に伝える責任者としてご尽力いただいております。南方氏が天風先生の門下に入られたのは大学生の頃で、若い頃から直接天風先生の薫陶を受け、「心身統一法」の実践に励んでこられました。その南方氏が、天風先生が講習会で説かれた「心身統一法」の基本的な部分を、平易な文章でわかり易くまとめられたのが本書であります。

中村天風先生が創始された「心身統一法」とは、生命を支える心の力と体の力の両面を積極化させて人間が生まれながらに持っている潜在勢力を発揮させる具体的方法で、どのような立場のどのような年代の人にとっても必要とされる「人生如何に生きるべきか」ということを教える最高の教科書であります。

実際、南方氏は学生の頃「人間が幸せになるには、欲望を抑えるしか方法がないのではないか」という哲学的命題を抱え、ショーペンハウエルの哲学に傾倒して悲観主義に陥り、生きている限り幸せにはなれないとの思いで自殺を図ったことがあるそうですが、その深刻な悩みを見事に氷解させたのが天風哲学でした。

私自身も、通産省に勤務していた二八歳のときに結核に倒れ、絶望のどん底にあったときに天風先生の門下生となり、七年間にわたり直接ご指導をいただいて心も体も積極化することができ、その結果結核を克服することもできました。以来「心身統一法」をわが人生の生き方の根幹におき、政治家としての長い活動の間はもちろん、現在においても私の活動の指針となっております。

このように、「心身統一法」はあらゆる人生の局面に対応できる普遍的な哲学と具体的方法から組み立てられており、これを実践することにより、人生が順調なときも又逆風が吹くときも変わらない強い心で、充実した価値高い人生を送ることができるようになります。

現在日本では年間三万人以上の自殺者がいるといわれています。その原因は病や経営の行き詰まり、失業や生活不安、又漠然とした形而上的な悩みなどさまざまなものがあると思われ、現代の複雑で孤立しがちな世の中に生きることの困難さを窺わされます。しかしながら、事あるのが人生でもあります。人生に行き詰まった際には是非この本を手にされて、新しい人生との出会いの契機にしていただきたいと思います。

天風哲学は、「私は力だ！」という天風先生の悟りの絶対的肯定が根幹になっています。そして又天風先生は、「人間はこの世に悩むために生まれてきたのではない」と力強く断言されています。本書を読まれてその力の根源を知り、その力の発現方法を是非「心身統一法」から学んでいただきたいと、心より本書を推薦する次第です。

平成二一年九月

財団法人天風会　理事長　尾身幸次

第一章　天風哲学の基本……39

第二章 潜在意識への対策……87

第三章 実在意識への対策

第四章　ストレス解消法……157

第五章　**心の使い方**……177

第六章　**身体の活かし方と使い方**……197

序章

中村天風の生涯

1　永遠の真理探究者　中村天風

生い立ち

　中村天風は、一八七六（明治九）年七月三〇日、父・中村祐興《すけおき》と母・長子の三男、三郎として東京府豊島郡にあった官舎で生まれました。祐興は九州の旧柳川藩士で、明治維新後は明治政府に仕官し、大蔵省紙幣寮（現・国立印刷局）の初代抄紙《しょうし》局長をつとめていました。

　三郎は少年弁論大会で優勝するなど、子どものころから聡明な少年として知られていました。また、六歳のころから剣道の稽古を始め、柔道や空手にも励みました。小柄ながら度胸が良く、試合には抜群の強さを発揮したと言います。

　ただし、三郎は負けず嫌いなところがあり、気性が荒く、いつも喧嘩が絶えませんでした。相手が年上だろうと、街のならず者だろうと見境なく突進し、指をへし折ったり、耳を引きちぎったことさえあったそうです。その激しい性格といたずらに手を焼いた両親は、小学校を卒業したばかりの三郎を福岡の知人に託します。

　福岡では名門・修猷館《しゅうゆうかん》に通学しましたが、そこでも三郎の粗暴な行動は続き、ある時、柔道の試合の遺恨から出刃包丁を持った中学生ともみあい、誤って相手を刺して死なせてしまいます。取り調べの結果、正当防衛ということで釈放されましたが、学校は退学処分になりました。

血気盛んな若者だった三郎は、壮士（明治中期の政治活動家）の集まりである玄洋社を率いていた頭山満《とうやまみつる》に預けられます。生涯の師となる頭山の薫陶《くんとう》を受けた三郎は、師の勧めにより諜報活動の手ほどきを受け、一九〇四（明治三七）年に勃発した日露戦争では満州に渡り、スパイ活動を行う〝軍事探偵〟として活躍します。この時、三郎は二八歳でした。

三郎は九州柳川藩に伝わる抜刀術「随変流」の名手でした。随変流の刀の抜き型に「天《あま》つ風《かぜ》」という、体を回転させながら刀を抜く高度な型があり、三郎は得意としていました。頭山翁は三郎に「天つ風をよく抜くのう。これからは『天風』と名乗れ」と言われたほどでした。

鉄橋を爆破し、夜間行軍する敵軍の砲兵部隊に斬り込み、司令部の秘密文書を盗むなど、三郎は多くの戦果を挙げますが、ついに捕らえられ、死刑宣告を受けます。ところが、銃殺されようとしたまさにその瞬間、コンビを組んでいた橋爪という男が投げた手榴弾によって危機一髪のところを助けられ、まさに九死に一生を得たのでした（この時の中村三郎の活躍ぶりは、後に『或る特務機関の話　世界密禎秘話』〈博文館〉として出版され、昭和七年には、その話を元にした芝居が新国劇一座によって上演されています）。

求道の旅

満州から帰国後、三郎は過酷なスパイ活動の疲労から奔馬性《ほんばせい》肺結核を発病し、死に直面します。当時の結核は恐ろしい病気とされたため、日に日に三郎の心は弱まっていきます。信仰に救いを求めようと、キリスト教や禅の指導者に教えを乞いますが、残念ながらいずれも彼の心に響くものではありませんでした。

病気のために弱まった己の心を立て直そうと、一念発起した三郎は渡米を決意します。病床で読み、感動した本の著者オリソン・スウェット・マーデンをニューヨークに訪ねようとしたのです。しかし、マーデンに面会しても答えは得られず、また老心霊哲学者のカーリントンを訪ねましたが、「若くして人生を求めることは尊い」と三郎を褒《は》め称《たた》えるだけで、何も教えてくれませんでした。

コロンビア大学で医学を修めた三郎は、今度はイギリスに向かいます。ロンドンでH・ブリュースが主宰する神経療法に関する講習会に出席するためでした。最終日に「病を治すための秘訣」が教えられると聞き、そこにすべての期待をかけたのです。しかし、すべての講義を聞いた三郎が、最終日に聞いた秘訣、それは「病を治す秘訣は、『病を忘れること』である。忘れよ」というものでした。驚くほど高い受講料を払い、二週間の講義を受けたにもかかわらず、三郎は何ら得るところがなかったのです。

失意の三郎は、商社マンの友人に勧められるままに渡仏、世界的に有名な女優サラ・ベルナールに紹介され、三郎はサラの邸にしばらく滞在することになります。彼女から大哲学者イマヌエル・カントの伝記を勧められ、読み進めるうちに、やがて三郎の「心」に対する考え方に変化が訪れます。

カントは生まれつき奇病を患っており、そのためか背中が曲がり、いつも苦しそうに息をしていました。そのカントが一七歳の時、街を巡回に訪れた医師から次のように言われたのです。

「なるほど、君の身体は気の毒な状態だが、君の心は病んでいない。これからは『つらい』『苦しい』とは言わずに、心が丈夫であることに感謝しなさい。そして自分の興味のある学問を学びなさい」

少年カントを大哲学者にならしめたこの言葉は、三郎の考え方に大きな影響を与えます。そして、この考え方が、後に天風哲学の基盤となっていくのです。

欧州滞在中、三郎はサラの紹介で、ドイツの著名な生理学者ハンス・ドリューシュを訪ねました。三郎は藁《わら》にもすがる思いで質問します。「活発な快男児であった私が、結核菌に侵されたとたん、身体のみならず心まで弱くなってしまいました。この弱くなった心を、もう一度強くするためには、どうすればよいのでしょう？」

ドリューシュ博士の回答は次のとおりでした。「それは人類始まって以来の謎です。西洋では私がこの問題に気づいて研究しています。東洋では、あなたが関心を持って、探求しています。どちらが先に解決法を発見しても、世界人類の幸福になります。お互いに頑張りましょう」と。

三郎は絶望的な気持ちに陥ります。「日本へ帰って死のう……」

サラが引き留めるのを振り切り、一刻も早く帰国しようと、三郎はすぐに出航する貨物船に飛び乗りました。その後、スエズ運河で故障船が出たため、貨物船はエジプト・アレクサンドリア港で足止めをくらい、仕方なく、三郎は船内で仲良くなったフィリピン人の水夫に誘われるまま、ピラミッド見物にカイロへ向かいます。ところが、カイロへ到着した翌日、三郎は大喀血《かっけつ》し、ホテルのベッドで横になったまま動けなくなりました。

ホテルのボーイにすすめられ、なんとか食堂へ向かい、スープとサラダを口にしますが、まったく美味しく感じられず、三郎はますます落ち込みます。

食堂の向こう側にいる男の存在に三郎が気づいたのは、まさにその時でした。

＊

その浅黒い男性は年のころ六〇代――、後ろに従者らしき人物を従え、大きな孔雀の羽のうちわで扇がせていました。大きな蠅が男性のテーブルに舞い降り、しきりに動いています。ところが、男が自分の親指をその蠅に向け「ウッ」と底力のある声を発すると、蠅が静止してしまったではありませんか。何事もなかったかのように従者がピンセットで蠅をつまみ、容器に片づけている姿を見て、三郎は「なんて不思議なことをする人だ」と呆気にとられ、男性を凝視していました。

男性は三郎に微笑み、「こちらへきなさい」と声をかけ、三郎は惹きつけられるようにその人物の前に立ちました。三郎を見つめたまま、男がおごそかに口を開きました。

「お前は右の胸に大きな疾患がある。お前は祖国へ墓穴を掘りに帰ろうとしているね？お前は死ぬ必要はない。お前は助かる。私についてきなさい」

翌朝、指示されたとおりにホテルの裏に三郎が向かうと、ナイル河に、三本マストの白い船が浮かんでいました。船に乗り込んだ三郎を待っていたのは、昨日の不思議な男性でした。彼は一言、三郎に言いました。

「お前は救われた」

三ヵ月後、三郎を連れた一行は、ヒマラヤの世界第三の高峰であるカンチェンジュンガのふもとに到着します。この村はヨガ（古代インド発祥の修行法。特殊な座法・呼吸法を行い、心身の調整・統一をはかる）の根拠地でした。三郎をここへ連れてきた男性は、ヨガ聖者のカリアッパ師。彼はイギリス国王と会見した帰路でカイロに立ち寄り、三郎をヒマラヤに連れてきたのです。

こうして、その後の三郎の人生を大きく変えることになるヨガ修行が始まりました。

ヨガ修行

●「水がいっぱい入った壺」に湯は入らない

ヨガ修行の村では、三郎は「奴隷」という身分でした。この地の階級制度では、奴隷は羊の下に位置したのですが、三郎は結核を病んでいたため、羊並みに羊小屋で寝ることが許されました。とはいえ、奴隷の身分では聖者と言葉を交わすことはできません。

「お前は助かる。私についてきなさい」と言われて来たのに、一ヵ月が過ぎても修行は始まりません。聖者は自分のことを忘れてしまったのではないかと考え、ある日、意を決して三郎は聖者の前にひれ伏しました。

「カイロで先生は『お前は大切なことに気づかずにいる』と言われました。その大切なことは、いつ教えていただけるのですか？」

「そなたは、カイロから一緒にきた者だな。私は忘れてはいない。そなたがいつ、教えを乞いにくるか、私は待っていた。だが、お前は教えを受ける準備ができているのか？」

「はい、とうにできております」

「いや、私の目から見ると、まだ準備ができていない」

「お言葉を返すようですが、私の心は修行する準備が整っております」

そこで聖者は三郎に、「壺に水をいっぱい入れて持ってきなさい」と命じました。三郎がそのとおりにすると、聖者はもう一つの壺に、今度は熱い湯を入れて持ってくるよう言いました。二人の間に二つの壺が並んだところで、聖者がふたたびおごそかに命じました。

「その湯を、水の壺の中に入れてみなさい」

「水がいっぱい入っているので湯を注ぐことができません。すぐ、こぼれてしまいます」

三郎が答えると、聖者は言いました。

「その水の入った壺がお前だ。お前の心の中には、くだらない屁理屈がいっぱい詰まっている。心を空にしてきなさい」

大きな衝撃を感じながら、三郎は徐々に素直な気持ちを取り戻し、ようやく聖者から、「後ほど私の部屋へきなさい。赤子のような気持ちで」と言われ、本格的な修行を始めることができたのでした。

●動物食から植物食へ

胸に病気を抱えていた三郎は、インドへくるまでは毎日肉を一〇〇グラム、卵六個、牛乳六合など、合計三五〇〇キロカロリーと、食物を多めに摂取していました。ところが、この村では主食は水に浸けた雑穀のヒエでした。おまけにここでは「動くもの」「殺す時に声や音を出すもの」は食べてはいけないという決まりがありました（ニンニクも、引き抜く時に「キューッ」と音が出るため、食べられません）。このような食事では一日一五〇〇キロカロリーがせいぜいです。心細くなった三郎はカリアッパ師に尋ねました。

「この程度の食事で大丈夫なのでしょうか？　ご承知のとおり、私は病人なのですが」

するとと師はこう言いました。

「あの象を見ろ。一年の半分は米の藁を食べ、後は人間が残した芋や牛蒡《ごぼう》の尻尾を食べている。それだけであの身体を十分に生かしている。お前の体重はあの象の耳の重さにも及ばないではないか。食べ物が気に入らなければ、修行をやめて、ここを出て行きなさい」

仕方なく、三郎は雑穀や野菜のほか、山で採った果物（果物だけはいくらでも自由に食べることができた）などを食べ続けたところ、不思議なことに、カロリーが激減したにもかかわらず、四〇キログラムほどだった痩身の身体が、半年後には二〇キログラムも増えました。「ろくな食事をしていないから、身体がむくんだのではないか」と心配した三郎でしたが、実は確実に健康が回復していたのです。植物食を続けることで、いつしか身体のけだるさは取れ、頭もスッキリし、喀血もなくなりました。

この「植物食」――動物性食品をできるだけ減らし、植物性のものを多く摂取する――という考え方もまた、三郎に大きな影響を与えることになりました。

●古井戸の中で

三郎はヨガの修行を続けながらも、結核に侵されている自分の身体が、いつも気になっていました。文明社会から離れ、医者も薬もないこの山の中で、病が進行し、やがて死を迎えるのではないかという恐怖心がいつも心の底にあるのでした。元気に軍事探偵をしていた頃には、死ぬのが恐ろしいなどと考えたこともなかったのですが……。このことをカリアッパ師に話したところ、「死の恐怖を克服するのに、いい修行方法があるからやってみないか」と言われ、三郎はその行を受けることにしました。

ある日、三郎は集落のすぐ外にある水のない古井戸の底に入れられました。夜になると井戸の周囲では野獣が叫び、穴のふちからはヒョウが覗き込んで咆哮《ほうこう》する……。大蛇が垂れ下がり、大きな口を開けて迫ってきた時には生きた心地がしなかったと言います。

恐怖の一夜が明けると、水と食物がロープにつけられて井戸の底に下ろされました。井戸の外で呪文を唱える声が聞こえます。この呪文が終わる前に食べないと、食物は引き上げられてしまうのです。そして夜にはふたたび猛獣たちが……。

こうして三夜が過ぎ、恐怖と疲労と飢えとで三郎が憔悴しきった時、井戸底にモッコをつけたロープが垂らされました。呪文が唱えられている間に、自分の身体をモッコの中に入れないと、そのまま井戸の底で死ぬことになります。三郎は最後の力を振り絞り、疲労困憊《こんぱい》の身体をモッコの中に押し込みました。

井戸から引き上げられた三郎は、太陽の眩しい光を浴びながら「生きていることの素晴らしさ」をあらためて思い知りました。暗い井戸の底での苦しさを思えば、結核の喀血などは苦しみのうちに入らないと思えるようになり、以後、三郎の結核の我が身を呪う気持ちは次第に静まっていったのでした。そして、この病のために、いずれ死ぬのではないかという恐怖もなくなりました。

●人生は心一つの置きどころ

三郎は、毎朝六キロメートルほどの山道を上り、そこで瞑想するという「行《ぎょう》」に入りました。朝、村を出る時に、聖者から「その石を持て」と言われ、一二キログラムほどの石を背負わされました。急な傾斜の山道を、重い石を担いで目的地に着くと、そこに石を置いて瞑想し、帰る時には再びその石を持って下山する――毎日がその繰り返しです。最初は石を修行に使うのかと思っていた三郎でしたが、とくにそういうわけでもなく、馬鹿馬鹿しくなってきた三郎はある日、聖者に問いただしました。

「何のためにこの石を私が背負うのです？　修行に使用するわけでもないのに！」

「使っているではないか」

「？」

「お前はまだわからないのか。かつて健康な時にお前の身体はどれほどの重さがあったか？」

「今の体重は？」

「六四キログラムほどです」

「四〇キログラムほどです」

「六四キログラムの時、お前は自分の身体を重く感じたか？」

ハッと三郎は気づきました。「背負わされたものが石だと思えば重く感じる。自分の身体の一部だと思えば重いとは感じないはずだ」と。心の持ち方次第で感じ方、考え方が変わってくることを、カリアッパ聖者は身をもって三郎に学ばせたのでした。この考え方をもとに、後に天風は「人生は心一つの置きどころ」と説くことになります。

●犬から生き方を教わる

ヨガの村には一匹の犬がいました。三郎は犬が大好きでした。犬は決してウソをつかないからです。ここでは、聖者以外に言葉の通じる人がいないこともあり、三郎はことのほか、この犬を可愛がっていました。

ある時、聖者が三郎と犬の前に現れ、〝To be learnt?〟と尋ねてきました。「犬から教わるか？」とかかれたのかと思いましたが、自分は人間だし、犬から教わることなど何もないと思ったので、「犬に（芸でも）教えてやれ」ということかと思いました。ところがまた二、三日たって聖者は同じことを言うのです。三郎がけげんな顔をしていると、犬を連れて自分の部屋にくるように言われました。

部屋に入ると、聖者はいきなりナイフで犬の前足を傷つけました。驚いた犬はけたたましい声をあげて鳴きました。「何とむごいことをするものだ」と唖然《あぜん》として見ていますと、今度は「お前の手を出せ」と言われ、聖者は三郎の差し出した右手首に切りつけました。

「いったい何をするんですか！」

さすがに三郎が気色ばむと、聖者は悠々とこう答えたと言います。

「犬とお前と、どちらが先に傷を治すか？　競争しよう」

ヒマラヤの山中では、薬もなければ包帯もありません。医学者でもある三郎は「菌が入って化膿したらどうしよう」と傷の心配ばかりしていました。

一週間ほどして、三郎は聖者の部屋に呼ばれました。聖者の膝には犬が座っていました。

「この間の傷を見せよ」

三郎の手首は赤く腫れ上がっていて、まだ痛みは続いていました。

「犬の傷は、もうほとんど治っている。どうしてかわかるか？」

三郎は返事に困り、とっさに答えました。

「それは犬ですから」

「お前は何だ？」

「人間です」

「人間と犬とでは、どちらが進化した生き物か？」

「人間です」

「それでは、どうして文明人であるお前が、傷の治療では犬に劣るのか？」

「え？　……」

三郎は、一瞬つまりながらも、何か閃《ひらめ》くものがありました。人間は犬よりはるかに進化した生き物です。ヒトの白血球は食菌作用を行い、リンパ球は免疫の働きをします。人間の身体にある自然治癒能力は、犬に劣らないはずです。それなのに、どうして三郎の傷は犬よりも治りが遅いのか――。

「そうだ、犬は心配しないからだ！」と三郎は考えました。「傷が化膿したらどうしよう？」「手首を切断することになったら……」と心配し、傷口ばかり眺めていたから、自分は自然治癒能力が低下したのだ。そういえば、肺結核もそうだ。「今日は喀血するかもしれない」「病院も薬もないこの山中で不治の病が治るだろうか」などと心配ばかりしていたために、自分は身体ばかりでなく、心も病んでいた――そのことに三郎は気づいたのです。そして今後は病を思い煩ったり、運命を呪ったりすることはやめようと決心しました。その結果、彼の健康はみるみるうちに改善していくことになります。

●地の声と天の声

修行が進み、三郎は滝の下で瞑想するように言われました。千年、万年も流れ続けているであろう滝のもとに座り、瀑布《ばくふ》の轟音《ごうおん》が耳をつんざくような場所で、毎日、朝から夕方まで行を続けました。

ある時、滝からの帰り道、三郎は聖者に問いかけました。

「ヨガで言うディヤーナ（静慮）とは『心に静けさを保つこと』でしょう。それなのに、あの滝の下では心が静まりません」

「そんなに滝の音がやかましいか？」

「いや、もうやかましいどころか、あの轟音では何も聞こえません。いまだに頭が瀑布の音でいっぱいです。もっと静かなところで修行させていただけませんでしょうか」

「私はお前のために、あの場所を選んだ。瞑想するにはもっとも適した場所だ。そんなことでは、なかなか天の声も聞こえてこないだろう」

天の声？　三郎は心の中で思いました（この先生は偉い人だけれど、ときどきワケのわからないことをお話になるな……）。

「天の声ですって？　そんなものが聞こえるのですか？」

「現に、私はこうして話している時にも天の声を聞いている」

「それはいったいどこの国の言葉です？」

「どこの国の言葉でもない。そんなことでは、お前さんは地の声も聞こえないだろう」

「地の声ですって？」

「そうだ。地の声だ。地の声とは、鳥や虫の鳴き声や風の音などのことを言う」

「聞こえるものですか。それでなくてもあの轟音ですから、滝の音のほかに何も聞こえるわけがありませんよ」

「その音の中で地の声を聞くのだ。やってごらん。必ずできるから」

明くる日から三郎は、真剣に聞き耳を立てました。一両日、一生懸命に取り組んでいると、やがて轟々ととどろき渡る滝の音の中に、セキレイや蟬が鳴く声が聞こえるようになりました。山からの帰り道、このことを聖者に報告すると、次は〝天からの声〟を聞くように言われました。

その日以降も、三郎の瞑想行は続きましたが、どうしても天の声を聞くことができません。数ヵ月が過ぎ、一心に努力しているにもかかわらず、天の声は聞こえてきませんでした。「ああ、どうして俺はこんなに無明なのだ」と、ある日、半ば捨てばち気味の心境になった三郎は、滝から這い上がり、近くの草原に身を横たえました。

三郎は、見るともなく空を仰ぎ、浮かぶ雲をただ無心に眺めていました。その瞬間、三郎は天の声を聞こうとか、悟ろうとかいう気持ちをすべて忘れ、ただ無心に雲を眺めている自分に気づきました。山から帰り、このことを聖者に話すと、師は、「それが天の声だよ」と言われました。三郎がけげんな顔をして聖者を見つめていると、

「天の声とは〝声なき声〟だ。その声を聞いている時、すべての意識は消え、空になる。そしてその時、人間の自然治癒能力は旺盛になる。いつも病を気にかけていると治る病気も治らない。しかし、病から心を離し、天の声を聞いていると、自然治癒能力はどんどん働き、病も癒されるのだ」

三郎は、この聖者の言葉で一気に悟りが開けました。現象の世界から心を離し、無声の声に聞き入る時、心は三昧《さんまい》――仏教で言うところの「心を一つの対象に集中し、対象が正しくとらえられる状態」――の境地に没入するのです。この境地がサマディー（三昧境）と言われる〝無念・無想・無我〟の境地だったのです。

その後、三郎は、瞑想しながら深山幽谷《しんざんゆうこく》の声なき声を聞いているうちに、雑念妄想がとれ、三昧境に入ることができるようになりました。それはまるで心の鏡がスーッと清らかに拭きとられたような感覚だったそうです。

聖者の導きにより、三郎の心境はいよいよ純粋化され、高次の悟りへと高められていきました。

●別れの言葉

三郎がヒマラヤへきてから、いつしか三年近くもの月日が流れていました。身に肺患を抱えながら、厳しい苦難と体験の果てに、三郎はついに聖なる悟りの境地に達しました。その様子を見て聖者は満足げに喜ぶとともに、三郎に次のように言われました。

「そなたは、人類の代表としてこの地で修行し、悟りを開いた。そなたは選ばれた人である。それゆえ、この尊い悟りを自分だけのものにしてはならない。自己を救われた喜びを多くの人々に分け与えなければならない。これからは自己の体験と叡智《えいち》を持って人々を教え導くのだ。聖なる体験者よ。日本へ帰るがよい」

この時の聖者の言葉は三郎の脳裏に深く刻み込まれました。

後に、三郎は聖者の言葉どおり、日本において五〇年の長きにわたり、自らが創始した「心身統一法《しんしんとういつほう》」を説き続ける人生を歩むのです。

日本での活動

三年近くにわたるヨガ修行を終え、心身ともに健康を回復した三郎は日本への帰国を決意、パキスタンのカラチから乗った船は途中、上海に入港します。

そのころ中国・上海では孫文《そんぶん》が主導した辛亥《しんがい》革命から二年たち、孫文から大総統の座を譲られた袁世凱《えんせいがい》が独裁的な政治を行っていました。三郎は再び蜂起した孫文を助けて第二辛亥革命に参加しました。しかし、それも束の間、革命は失敗に終わり、孫文は日本へ亡命、やがて三郎も帰国します。

帰国後、実業界に転身した三郎は、製粉・電力・銀行など、複数の企業の経営に参画し、決断力と精力的な行動とによって、次々と事業を成功に導きました。それゆえ、三郎は次代の日本の経営を担う人物の一人と目されていました。

ある日、三郎は夫人の依頼により、知り合いの神経衰弱を病む男性にインドでのヨガ修行について話をすることになりました。それがきっかけとなり、その後も人々が集まり講演会が開かれるようになりました。三郎の熱のこもった話に、聴衆はいたく感激し、講演の終わった夜もその次の夜も、感激の電話がひっきりなしに鳴ったほどでした。人々の喜びの声を聞くうち、三郎は次第に「実業家として事業を成功させ、美味いものを食べ、美妓美酒に酔う楽しさよりも、自分がインドで悟ったことを人々に伝え、喜んでもらうほうがいい」と思い始めました。この出来事がきっかけとなって、三郎は、自分の体験をもとに、人々に「生きる道」を説く決意をします。三郎の志を、師の頭山翁もこう言って後押ししました。

「釈迦もキリストも、数年間、行方を絶って修行を行った。三郎、お前もそれと同じだ。お前はインドで救われた。お前は救われ人だ。今度はお前が人々を救うのだ」

決意を固めた三郎は、何の未練もなくさわやかに実業界を去り、かつて頭山満から与えられた号「天風」を名のるようになったのでした。

心身統一法と財団法人の設立

一九一九（大正八）年、四三歳の中村天風は財産や社会的地位を投げ打って、「統一哲医学会」を創設します。やがて、天風の教えは、東郷平八郎、原敬、後藤新平、山本五十六《いそろく》、松下幸之助、稲盛和夫といった政財界の有力者をはじめ、宇野千代、大仏《おさらぎ》次郎、北村西望、広岡達朗など、今日にいたるまで多くの知識人、著名人の支持を受け、「天風哲学」として広く世間に認められるようになりました。

一九四〇（昭和一五）年には統一哲医学会を「天風会」と改称、一九六二（昭和三七）年には当時の厚生省により財団法人の設立許可を受け、「財団法人天風会」となります。

以後、天風はほぼ半世紀にわたり、全国各地で開催された講演や夏期修練会などを通じ、一〇〇万人とも言われた会員に人生の生き方を教授する一方で、教義を書物に著し、一九六八（昭和四三）年一二月一日に逝去するまでその普及に努めました（享年九二歳）。


中村天風が説いた人生道は「心身統一法」と名付けられました。

心身が統一された状態で営まれる生活法は、人間の生命の〝ありのままの姿〟です（この状態を「心身一如《しんしんいちにょ》」と言います）。つまり、精神を「精神生命の法則」に、そして肉体を「肉体生命の法則」にそれぞれ順応させるという生活法です。そして、そのためには、①心を常に「積極的」に保つ、②精神を統一する、③身体は自然の法則に適用させる、④身体を訓練して「積極化」する――といったことが必要になってきます。

これらの詳細については、本書の第一章より、順を追って述べていきたいと思います。

天風の教義は、天風がインドで修行したヨガの各種密法をもとにしつつ、日本人が日常生活を送りながら実践できるように組み立てられています。素晴らしい人生を送るための生き方が諄々《じゅんじゅん》と、かつ理路整然と説かれているのが特徴です。

2 私と天風哲学との出会い

私がはじめて中村天風師の指導を仰ぐことになったのは、一九五五（昭和三〇）年四月のことでした。心身統一法の講習会が私の地元・神戸の繊維会館で毎夜六時から九時まで六日間にわたって開催されたのです。

「私が中村天風です」

演壇から朗々と話す声量の大きさと、颯爽《さっそう》たる風貌にまず驚きました。続いて講演の内容に圧倒されました。

初日に聞いた公開講演の要旨は次のようなものでした。

「幸福とは『不幸でないこと』である。人々を不幸にするものは、病と煩悶《はんもん》と貧乏である。だから、その三大不幸を克服することができれば、人々は幸福になれる。そのためには、六つの力——体力、胆力、判断力、断行力、精力、能力を豊富に充足しなければならず、それにはすべての人間に内在する〝潜勢力〟というものを発現しなければならない。

私が創設した心身統一法を実践することによって、この潜勢力の発現ができ、命の力である六つの力が充実し、誰もが『長さ』『強さ』『広さ』『深さ』が充足した幸福な人生を生きることができるようになる」

「そんなことができるわけがない。ずいぶん大風呂敷を広げる人だな」と思いました。しかし、公開講演の話を聞いているうちに「ひょっとしたら」と思い始め、それからの六日間は文字どおり全身全霊を打ち込んで講演を聞きました。そして、この講習会を契機に私の人生観は、それまでの「悲観論」から「楽観論」へ一八〇度の転換をしたのです。

自殺への憧れ

私は当時、慶應義塾大学経済学部の三年生でした。理論経済学の第一人者と言われた千種義人教授のゼミに所属し、経済学を学んでいました。

通常の経済学では「社会の富を豊かにすることによって、人類を幸福にすることができる」というテーゼが前提になっています。たしかに、財の乏しい社会の人々を、豊かにすることによって幸せにすることは可能かもしれません。しかし、ある程度の生活水準に達すると、人間は財が増えるだけでは幸福にはなれません。

なぜなら、人間は財を得ると、それだけ欲望もまた大きくなっていくからです。そのような欲望はいつまでたっても満たされることがないのです。

そのころの私は、学生としてはかなり恵まれた環境にありました。親から月々三万円の仕送りを受け、経済的には何不自由のない学生生活を楽しんでいました。後に大学を卒業し、保険会社に就職した時の初任給が七八〇〇円であったことからも、当時の三万円は学生生活を享受するには十分すぎる金額だったと思います。勉学のかたわらスキーやテニス、囲碁、社交ダンスなどを楽しみ、「よく学び、よく遊ぶ」理想的な学生生活でした。

ところが不思議なことに、自分自身は少しも幸せを感じないのです。多感な学生時代だったこともあるのでしょうが、自分の日常生活が幸福だという実感がまったく湧いてこないのです。それどころか「財が充足されることで人間は幸せになる」という経済学の大前提に疑問さえ感じるようになりました。

欲が満たされると、人間はさらに大きな欲を抱えるものです。自転車を手に入れると今度はバイク、そして次は中古自動車、さらには新車のセダン、スポーツカーといった具合です。お金も同じ。手に入れればもっと欲しくなる。

「人間が幸せになるには、欲望を抑えるしか方法がないのではないか」――やがて私はそのように考えるようになり、経済学から哲学に関心が移っていきました。「欲望を抑える」ことを念頭に置くと、どうしても悲観主義哲学に惹かれます。わけもわからぬままにカントやニーチェの書物を乱読しているうちに、私はショーペンハウエルの「幸福論」に出会います。ショーペンハウエルは次のように独特の悲観哲学を展開します。

「人間の感じる『快』と『不快』とを比較すると、快よりも不快のほうが大きい。人は欲望が満たされた時に快を感じるが、欲望が満たされぬ時に感じる不快感のほうが大きい。だから、本来、人生というものは、幸福を感じる時よりも不幸を感じる時のほうが大きいのである。その不幸な人生の中で、幸福を得ようとするならば、自己の持つ欲望を抑えていかなければならない。しかし、欲望を抑え続けるならば、最後は生きることを諦めなければならない」。そして彼はこう結ぶのです。

「勇気ある青年よ。幸せになろうと思えば、自殺せよ」

ちなみに彼自身は七二歳の天寿を全《まっと》うしています。しかし、当時の私には正論に思えました。そして「勇気ある青年」になろうと、ある日、自殺を決意します。近所の薬局を歩き回り、当時は規制されていなかった睡眠薬を大量に買い込みました。そしてある夜、「これで幸福になれる」と思い、一気に飲み込みました。

幸か不幸か、私は一両日で息を吹き返しました。多分、薬の量が多すぎて吐き出してしまったのだと思います。幸せになろうという私の思いは中断されましたが、その後も死ぬことを諦めたわけではなく、華厳滝《けごんのたき》から飛び降りようか、あるいは列車に飛び込もうかなどと、そんなことばかり考える毎日が続きました。

しかし、心の片隅では、自殺のみが幸福の条件ではないのではないかという疑問もありました。そこで教会や禅寺を訪れ、いろいろな人の話を聞いて回っていたのですが、そんなある日、母が「良い話をする人がいるので聞きに行かないか」と私を誘ったのです。

いつまた息子が自殺をはかるかもしれないと、母も必死だったのでしょう。こうして、私は中村天風に出会うことになったのでした。

「霊性の満足」を目標とすべし

中村天風の講演は、一挙に、これまでの私の錯誤に解決を与えました。知らなかったことはいえ、それまでの私の潜在意識は〝消極観念〟で満たされており、何を見ても聞いても「つまらない」「面白くない」と悲観的に考える習慣がついていました（「潜在意識」や「観念」については次章以降で詳しく見ていきます）。これでは、毎日、消極観念の集中力を養成していたようなものです。「消極観念を持つ」こと、イコール人を不幸にすることだということに私は気づいていなかったのです。

また、ショーペンハウエルから学んだ「欲望論」も正しくないことを知りました。天風はこのテーマに対し、次のように明確な解答を与えています。

人間の欲望にはいろいろな種類があります。本能的欲望、感覚的欲望、感情的欲望、理性的欲望などです。「美味しいものが食べたい」「もっとお金が欲しい」が本能的欲望、「良い音楽を聴きたい」「綺麗な着物を着たい」が感覚的欲望、「人に褒められたい」「持ち上げられたい」が感情的欲望、そして「良い本を読みたい」「もっと物事を知りたい」が理性的欲望です。しかし、これらのいずれの欲望の充足を生活目標としたところで、人間は幸せになることはできません。これらの欲望には際限がないからです。

それでは人間はどんな欲望の充足を目標と定めるべきか――中村天風はこう説きます。

「霊性の満足を目標とすべきである」

わかりやすく言うと、「世のため、人のためになることを生活目標とすべきである」という意味です。創造的な生活をすることと言ってもいいでしょう。

霊性を満足させようという試みは、いくらそれを満足させても、その求めるものが大きくなって人間を悩ませることはありません。人間の本来の使命は、宇宙の進化と向上に順応することです。「周囲の人々を幸せにする」という行為は、この人間本来の使命を遂行することにほかなりません。そのような人生目標を達成するための方法として、中村天風が編み出したもの――それが「心身統一法」という実践哲学なのです。

この生活目標を現実のものとするのには、ただ日々の生活で行う言行を、できるだけ世のため、人のためになるように心がけるだけでよいのです。言いかえれば、できる限り、人のため、世のためになることを言い、かつ、行うということを、自己の人生の楽しみとする気分になることであります。そうすれば、何も大した努力をする必要もなく、それが期せずして霊性満足の生活となり、創造の生活に合致することになるのです。

人間の本来の使命は、宇宙の進化と向上に順応することです。こうした霊性満足という目的をもって行われる生活こそ、進化向上の現実化という人間本来の使命を遂行することになるのです。中村天風はこのような人生目標を達成するための方法として、心身統一法という実践哲学を編み出しました。

天風哲学に出会ってからの私は、霊性満足を目標に置いて生活するように心がけてきました。すると不思議なもので、仕事や家庭生活において、起こってくるさまざまな出来事がすべてうまい具合に展開していくようになりました。もちろん、人生にはいろいろなハプニングがつきものです。しかし、結果的に見ると、すべてがうまく収まっていくのです。私は学生時代に天風哲学に出会ったことを無上の幸せであったと感謝しています。

＊

本書は、天風会の基本的な講習会（正科）で述べられる内容を、できるだけ平易な文章にしたものです。心身統一法の基礎が簡単な言葉でひととおり説明されています。

ただし、この方法論にはさらに深い理論が存在します。天風はその理論を学ぶための「研修科」を設け、講習会の最後の日に一項目ずつ話をしました（それらの内容については、「理論編」として別の機会に述べたいと思っています）。

まずは、本書に述べた基礎的な方法論を実践してみることをおすすめします。自然に幸福な人生が必ず実現されます。この本を手にされた皆様が、幸福を自覚し、自らの人生を楽しまれることを心から願ってやみません。

第一章

天風哲学の基本

1 「真の幸福」は己の心の中にある

およそ人間に生まれて、健康と繁栄と幸福を願わない人はありません。しかし、「人間とは幸福な存在でしょうか、不幸な存在でしょうか?」と聞かれた時に、躊躇《ちゅうちょ》することなく、「人間は幸福な存在です」と答えることができる人はめったにありません。

かつて私が大学で教えていたころ、学期初めの授業では、いつも学生に向かって次のような質問をすることにしていました。

「人間とはいったい幸福な存在でしょうか? 不幸な存在でしょうか? また、強いものでしょうか? 弱いものでしょうか?」

大方の学生の答えは「人間は弱いものであり、不幸なものである」というものでした。

「幸福とは何か」と聞かれると、ほとんどの人は、お金、社会的な地位や名誉、家庭、楽しい仕事、あるいは美味しい食事、流行のドレス、素敵な邸宅、別荘などを挙げます。しかし、これらは幸福になるための条件であって、幸福そのものではありません。

世の中には、お金や地位といった幸福の条件が全部そろっていても、幸福を感じない人が少なくありません。

幸福とは自分自身が感じるものです。 たとえ幸福の条件がそろっていても、心で幸福を感じない人は幸福ではありません。反対に、幸福の条件がそろっていなくても、幸福を感じられる人は幸福なのです。

メーテルリンクの有名な童話『青い鳥』では、チルチルとミチルが青い鳥（幸福）を求めて世界を巡ります。しかし、世界中のどこを探しても見つからなかった青い鳥は、結局、我が家に帰って見つけることができました。

幸福とは主観的で、自分自身で感じるものです。たとえ、傍から見て不幸な環境にいる人であっても、当の本人に不平不満がなく、心から満足を感じている場合には、その人は幸福と言えるでしょう。

心が消極的で、何事に対しても、いつも不平不満ばかり口にする人間は、幸福を感じることはありません。その逆に、心が積極的で、いつも感謝と歓喜の感情を持ちながら暮らしている人は、幸福をしみじみと感じることができるものなのです。

私たちが幸福になるためには、「お金」や「モノ」といった外的な条件を整えるとともに、「幸福を感じる」心の内的条件を整える必要があります。

それでは、外的条件と内的条件とでは、どちらを先に整えるべきでしょうか。

実を言いますと、まずは内的条件の整備が先決なのです。

外的条件を一つずつ整えようと頑張るのも心です。目標を立て、計画し、それを実行するのも心です。そして、幸福を感じるのも心です。すなわち、**心が幸福をつくります。**

ですから、不平不満のない、満ち足りた幸福を私たちが手に入れようとするならば、まずは心の問題の解決に取り組まなければなりません。

中村天風は幸福について次のように定義しています。

「幸福とは不幸でないことだ。そして、不幸とは病、煩悶、貧乏のことである。だから、この三大不幸から解放されると人間は幸福になれる」

中世のある哲学者も人生の三大不幸として、病と煩悶と貧乏を挙げたといいます。それ以後のほとんどの哲学者も、この考え方を支持しています。病に負けず、悩み事があっても、その悩みをバネとして人生に生きる意義を見出すことができ、貧乏を少しも苦にしない人は幸福です。そこまでいかなくても、身体が健康で、あまり悩むことがなく、ある程度の生活ができるだけのお金があれば、その人は幸せであると言えるでしょう。

中村天風が創設した心身統一法は、心を強くし、強くなった心をうまく使いこなすための具体的なノウハウを私たちに教えてくれます。と同時に、心ばかりでなく身体の活かし方、使い方についても、自然の理にかなった方法論が教授されます。

これから少しずつ述べていく、この心身統一法を実行すれば、人間が活きるために宇宙から与えられた力を、豊富に取り入れることができます。そして、病・煩悶・貧乏の三大不幸から解放され、幸せな人生を実現することができるのです。

2　幸福の基準は「長さ」「強さ」「広さ」「深さ」

人々が望む幸福な人生の基準は、いくつかの要素に分けることができます。

中村天風は心身統一法を初めて学ぶ人を対象とした公開講演で次のように述べています。


「人生における幸福の基礎となるものは長さ、強さ、広さ、深さである。この四つの『さ』が充足されなければ、幸福な人生は実現しない。心身統一法を実行すれば、それが実現できるのだ」


すでに述べたとおり、私は学生時代に天風会の講習会を初めて聞きに行った時にこの言葉を聞き、飛び上がらんばかりに驚いたものです。

当時の学生の間では、酒を酌み交わしながら、自分は「太くて、短い人生」を選ぶか、「細くて、長い人生」を選ぶか、いずれをとるかを語る――というのが人生論議だったのです。

「強くて、長い人生」を生きるなどとは、とんでもない発想で、しかもその上に、広さと深さまで加わっているのだから驚くのも無理はありません。

それから五十数年間、私は熱心に心身統一法を実践してきました。そして今、私自身の人生を振り返ってみますと、中村天風が言ったことが偽りではなかったと、しみじみと述懐しているところです。

あらためて、この幸福の四つの基準について少し考えてみましょう。

（1）**長さ**　だれでも長生きをしたいと願わない人はありません。若いうちはともかく、年をとるにしたがって、何とか長生きをしたいと考えるようになります。これは人間の本性です。どんなにすぐれた才能を持っていても、短命ゆえにその才能を活かせなかったとしたら、本当に幸せな人生であったとは言えないでしょう。

（2）**強さ**　ただ長生きしたというだけで病弱のうちに一生を過ごしたり、何ら為《な》すところもなく漫然と生涯を送ったり、煩悶や貧乏に苦しむ生涯であったりすれば、せっかく人間として生まれた生きがいがありません。周知のとおり、日本人の平均寿命は男性七九歳、女性八六歳と長く、とくに女性は世界の国々の中でももっとも長命です。それでも、人々の長生きの内容を見ると、必ずしも満足できるものではありません。年をとってから痴呆や寝たきりの状態で、周りの人々に介護をしてもらいながら人生の最期を迎えるのは、あまり、幸せな人生とは言い難いでしょう。最後まで心も身体も強健でなくては、幸福な人生であったとは言えないのです。

（3）**広さ**　人間は一人で生きることはできず、社会の中で人々とともに生活しています。そして、人生には社会の中で為すべき多くの事業や仕事が一人一人に振り当てられています。それらを完全に成し遂げ、社会的にも有用な、幅の広い生き方をしてこそ、生きがいのある人生であったと言えるのではないでしょうか。どこで生まれ、どこで死んだか、何をしたかわからないような一生であっては、個人的にも、また、社会的にも価値のある人生であったとは申せません。

(4)　深さ　人生は味わえば味わうほど、深い内容と価値を持っています。仕事や事業ばかりでなく、スポーツや趣味の生活においても、深く掘り下げ、心から楽しんでこそ幸せな人生と言えます。長さと強さばかりでなく、広さと深さが備わってこそ、幸福な生きがいのある人生と言えましょう。

このように、病・煩悶・貧乏という不幸の原因となりやすいものと縁を切り、長さ・強さ・広さ・深さを兼ね備えた人生を実現してこそ、生きがいのある幸福な人生を送ることができるのです。

3　人間を支える六つの力

現代に生きる多くの人々が、なかなか幸福を感じられずにいるのは、「生命力」、すなわち、活きる力が減退していることが原因です。正しい人生を構築するためには、生命力を充実させ、それが完全に発現されなければなりません。

さて、その生命力とはどんなものかというと、次の六つの力――体力、胆力、判断力、断行力、精力、能力です。そこで、これらの六つの力が自分自身に十分に備わっているかどうかについて検討してみてください。

（1）**体力**　あなたは頑健、鉄のごとき強靭《きょうじん》な体力を持ち、丈夫で元気に満ちあふれているでしょうか。季節の変わり目ごとに体調を崩したり、ちょっとした寒さにも風邪をひいたりすることはありませんか。最近の都市部では、あらゆる建物にエスカレーターやエレベーターが完備されています。そのため、階段を昇り降りする人はあまり多くはありません。私は脚力増強のためのよい機会だと思って、好んで階段を利用しています。

（2）**胆力**　あなたは、たとえ何が起こっても動ずることのない心の安定と落ち着いた度胸を持っているでしょうか。神経過敏で些《さ》細《さい》なことにビクビクし、不安恐怖の念にかられている人が現代では少なくありません。経済苦などを理由に、自らの命を絶とうとする人が増えているのも気がかりです。

（3）**判断力**　あなたには一四〇億個の脳細胞をフルに駆使し、比較、検討、推理、推測、判断する力があるでしょうか。現代のような複雑な社会では、物事を判断する基準が多すぎて迷いがちです。選択肢が二つあると、どちらを選べばよいのかがわからず、いちいち親や先輩や友人や上司に聞かなければ判断できない人も少なくありません。中には人生の大切な問題を占い師や新興宗教の教祖に聞きに行く人すらいます。

（4）**断行力**　あなたには、「良い」と判断したことをやり遂げる実行力があるでしょうか。正しい判断ができたとしても、その判断したことを確実に実行できる人は、じつはそれほど多くはありません。大半の人々は意思の力が弱いのです。たとえば、タバコは身体に良くないとわかっていながらも、やめられない人が少なくありません。アルコール依存症の人もよく見かけます。今、話題になっているメタボリック症候群の人も過食が身体に良くないことは知っています。しかし、食を控えることができないのです。

（5）**精力**　あなたは、疲れを知らない精神的精力と健全な肉体的精力を備えているでしょうか。精神的精力が減退すると克己心と忍耐力が失われます。克己心がなくなると、やたらと感情的になり、次第に怒り、怖れ、悲しみの虜《とりこ》になってしまいます。また、忍耐力が衰えると根気が続かなくなり、人生の幅の狭い人間になってしまいます。肉体的精力には、食欲（個体維持本能）と性欲（種族維持本能）があります。五〇歳前の男性が精力減退を嘆き、強精剤に頼ったりするのは、この力の衰えを物語っています。

（6）能力　あなたは何でも器用にやりこなすことができますか。能力とは物事を成し遂げることのできる力や働きのことです。人間には、「男性が子供を生むこと」以外は何でもできるだけの能力が与えられています。ところが、現代人は自己の能力を非常に小さく狭いものと思い込んでしまっています。自分は不器用だとか、その方面のことには自分は弱いのだとか、最初から決めつけて、自分の能力を過小評価していませんか。今までの知識や経験の範囲の中だけで自分の能力を判定していませんか。あるいは、何か新しいことにチャレンジしようとする意欲に欠けていないでしょうか。

幸福な人生を送るためには、以上の六つの生命力のすべてが、自分の命の中に充実していなければなりません。

これらの六つの力を人生に役立つレベルにまで引き上げ、その活力をより多く取り入れるための方法が心身統一法です。この方法を実行していれば、知らない間にその力が備わり、生命の内容が豊富になります。これらの六つの力が充実した時、「ああ、私は本当に幸福になった」と心から感じることができるでしょう。

図1　人間を支える六つの力

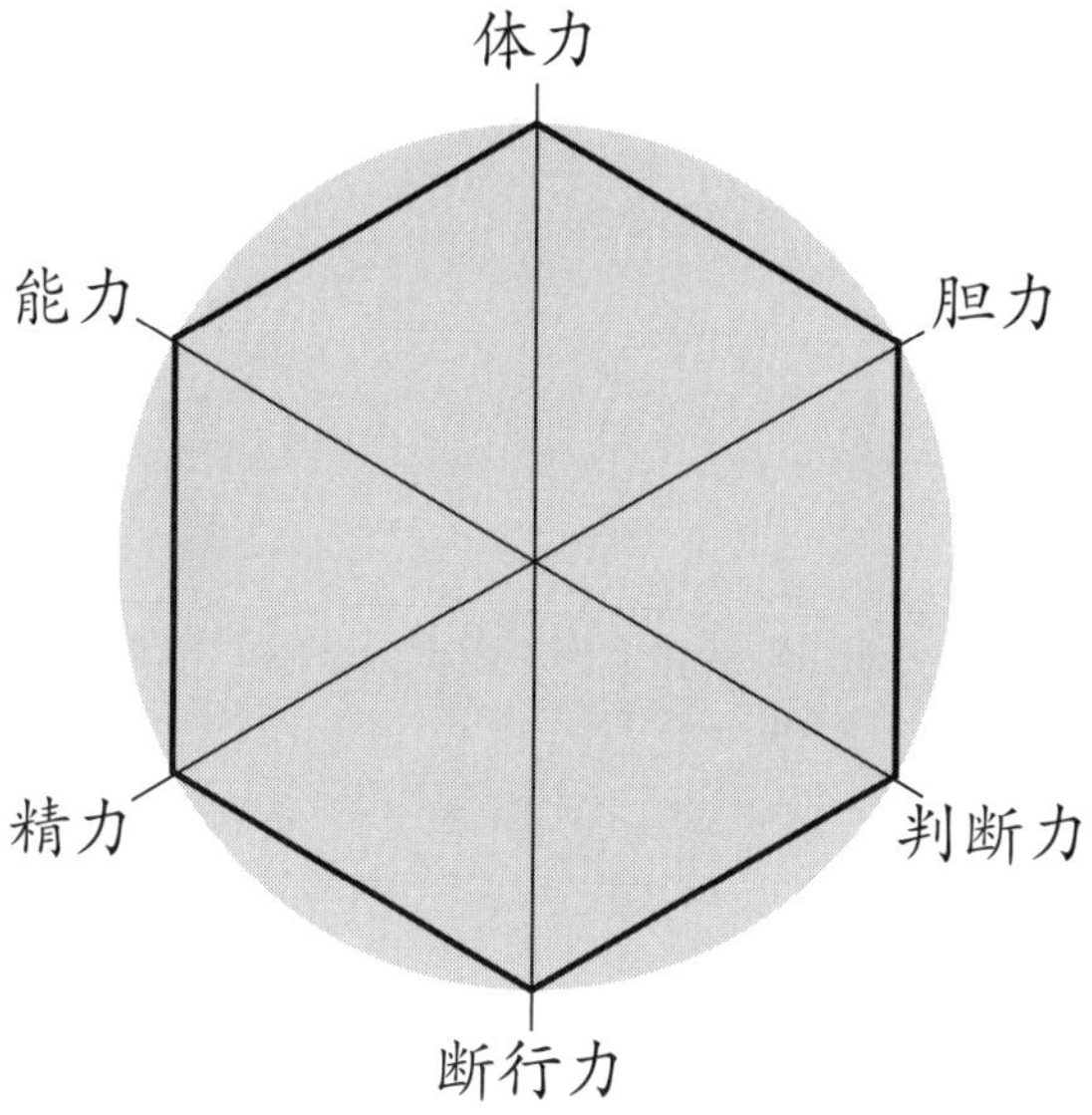

4 生命《いのち》の本来の姿は「心身一如《しんしんいちによ》」

それでは、実際に生命力を充実、発揮させるためにはどうすればよいのでしょうか。これが解決できれば、人間の悩みは簡単に解消することができることでしょう。じつは、今までこの問題がなかなか解決できなかったのは、人々の生命に対する考え方が間違っていたからなのです。

大多数の人々は、生命とは目に見える「肉体」であると思っています。従って生命力を強くするということは、体力を強くすることだと考えます。目には見えない、大切な「心」の存在はすっかり忘れているのです。これは、物質文明の中で生活している現代人が、形のある物質を重視しがちなことと、あながち無関係ではないと思います。

一方、「心」こそが生命だと考えている人々もいます。そういう人たちの多くは「心は清く、美しく持ちなさい」と説きますが、身体の活かし方については概して無関心です。意外に思われるかもしれませんが、道徳や宗教を説く人々に、この傾向が強いようです。

しかし、肉体中心主義も、精神中心主義も、一方にかたよっている点では、どちらも間違っています。

私たちの生命の活かし方は、心にも、身体にもかたよらず、心身一如という生命本来の

「ありのままの姿」で活かすことが正しい生き方です。

心と身体とが調和を保ち、一つにまとまった状態が真に正しい生き方です。この状態を心身統一と言い、この状態の時に生命力は充実し、その力は最高に発現されるのです。

「生命を生命らしく、心身一如で活かす方法が心身統一法である。いかなる職業にたずさわろうと、心身統一法を実践せよ。心身統一法は生命の道、人の道である」

と中村天風は説いています。

人間の生命は「心」と「身体」の二つからできています。心と身体が一体となって、一個の統一体として存在し、働いているのが生命の本来の姿です。すなわち、心と身体が調和し、生命全体が統一した姿で、しかも活発に働いている状態においてこそ、生命力が最高度に発現されるのです。

曹洞宗の開祖である道元禅師もまた、「生命本来の面目は『心身一如』である。一は、二でなく、不二を言う。如はごとしで、不異を言う。心身一如とは、心と身体は一つのものだということである」と説いています。

今ここに、一本の柿の木があるとします。根は根であり、幹は幹であり、葉は葉です。根と幹と葉はそれぞれに機能も外見も異なります。しかし、これを柿の木の生命の立場から全体として眺めますと、根も幹も葉もいずれも柿の木にほかなりません。

同様に、人間の心と身体を並べて相対的に見れば、たしかに心は心であり、身体は身体であり、心と身体は異なります。しかし、これを生命という立場から見ると、心も生命の表れであり、身体も生命の表れです。ここに「心身一如」という見方が成り立つのです。

生命は地球上に発生してから三五億年もの間、進化し続けてきました。初めはアメーバのような単細胞生物であり、一つの細胞で運動し、食物を摂取・消化・吸収し、そして自己分裂して増殖しました。そのアメーバにも心と身体があります。すなわち、一つの細胞で心と身体の両者の働きをしています。これもまた心身一如の一つの形でしょう。

三五億年の進化を遂げた人間は、およそ六〇兆個もの細胞を持ち、身体機能も精神機能も複雑に分化し、発達しました。だからといって、精神と肉体が別々に働いてもよいというわけではありません。初めに生命があって、後に心と身体が分化したのです。生命という立場から言えば、やはり心身は一如でなければならないのです。

人間の生命の本来の姿は「心身一如」ですから、生命が心身一如の形で扱われ、活かされるならば、その生命は快適に働き、生命の有する力と知恵が十分に発揮されることになります。

人間という生き物は、心身一如で生命を活かすことこそが正しい生き方なのです。

5 人間は「気」からできている

序章で述べたように、中村天風は「心を強くする方法を知りたい」と欧米の高名な哲学者を訪ね、教えを乞うて世界を回りましたが、解決を得ることはできませんでした。人間の心を強くする方法は、まだ誰も発見していないということを知り、悲嘆に暮れていったんは日本へ帰ることに決めました。その帰路の途中、インドの聖者と出会い、引き寄せられるようにヨガの村までたどりついたのもすでにお話ししたとおりです。

繰り返しになりますが、村で暮らし始めた天風が最初に困惑したのは食事でした。医学博士であった天風は、それまでは西洋医学の常識に従い、肉や卵や牛乳などを多量に摂取していました。しかし、村の主食はヒエで、副食は野菜と果物でした。

ところが、その食事を食べ続けて三ヵ月ほどすると、逆に身体の調子がよくなり、体重が増えてきました。天風は初めは山の空気のせいかと思ったと言います。

インドの人々はみんな痩せていても健康で、カリアッパ師は当時一〇六歳の長寿でした。

「ここの人たちは、どうしてこのように健康なのでしょうか?」と天風が尋ねたところ、「生き方の違いさ。**俺たちは身体で生きてない。気で生きている**」と言われました。

天風はその時までは、人間は身体で生きていると考えていました。しかし、インドで修行を積むうちに、「人間の正体は『気』である」ことを信じることができるようになりました。後に天風は次のように語っています。

「初めは宇宙を作り出す気というものがあっただけである。気が固まってできたのが宇宙である。この気を近代科学はヴリル（神秘の力）と名づけた。この気がすべてを生み出し、すべてを生かしているのである。我々が心身を統一するとこの力を思う存分生命の中に受け入れ得る状態になる。心身を一つに結びつけることによって、ヴリルが思う存分与えられる。だから、心身を統一すると六つの力（体力、胆力、判断力、断行力、精力、能力）が充実するのである。ぴったりとこれを受け取れるだけの、受け入れ態勢を準備しなければ、この力は充実しない。故に、私は絶対の信念をもって、あなた方に心身統一法を教えるのである。これを実行すると、あなた方の体内に次第次第に六つの力の内容量が増してくるのである」

パラマハンサ・ヨガナンダ（一八九三―一九五二）というヨガの聖者は次のように言っています。

「現代の科学は、物質がエネルギーの波動によって構成されていることを明らかにしました。星や岩石から人間に至るまで、宇宙を構成するあらゆる元素は、すべて電子的波動がさまざまな形態で現れたものです。たとえば、氷は冷たくて重さがあり、形があり、目で見ることができます。これが溶けると水になります。水に電気を通すと、目に見えない酸素と水素に分解され、さらにそれを分析すると、両者ともに電子的波動であることがわかっています。つまり、氷の本質は目に見えない電子であり、氷という姿はエネルギーが形をとって現れた一形態と言えます。

　このように、すべての物質は目に見えない電子的エネルギーの一形態として、私たちの心との相対的な関係において存在するにすぎず、真に存在するのは、その本質である不変不滅の宇宙エネルギーなのです[1]」

　量子力学においては、宇宙の根元は素粒子という小さな量子です。そして、その素粒子はある時（人が見ている時）には粒子となり、別の時（人が見ていない時）には波動となります。宇宙に存在する、ありとあらゆる物質はこの素粒子から構成されているのです。ヨガでは、この波動を「オーム」という振動だと考えます。この振動が言葉を造り、空間を造り、時間を造り、そして、あらゆる物質がこの振動から造られると考えられています。

　人間の生命もまた、「素粒子」や「振動」や「宇宙エネルギー」と同じ性質のものであり、宇宙エネルギーの分流分派であると言えるでしょう。つまり、宇宙エネルギーが私たちの生命の中に受け入れられ、それが精神面に現れれば、胆力、判断力、断行力、精神的精力、精神的能力となり、一方、肉体面に現れれば体力、肉体的精力、肉体的能力となるのです。初めて聞いた読者の方には、突拍子もない話に聞こえるかもしれませんが、まずは、天風教義の、この考え方を理解してもらいたいと思います。

このことは、電気に例をとって説明すればわかりやすいと思います。電気もまた目に見えない、形のない「気」であって、これを人間が発電機を通じて利用すれば、電灯の光となり、あるいはヒーターとして熱になります。

私たちの心身が調和して統一された状態であれば、ほとんど無限と言ってよいほどのこの巨大な宇宙エネルギーを、私たちの生命に受け入れることができます。逆に心身が不統一で、アンバランスの状態であれば、生命力は低下し、その結果として病や煩悶や貧困といった不幸な状態に陥ってしまうのです。

1 パラマハンサ・ヨガナンダ講話集『人間の永遠の探求』森北出版、56-57ページ。

6　人間は本来、「強い存在」である

人々は、「人間は本来弱いものだ」と考えがちです。世界のほとんどの宗教も「人間は弱い存在である」という前提からスタートします。たとえば仏教では、「人間は現象的に弱いものだ」という観点から出発します。また、キリスト教では「人間は罪を犯したので、それを償わなければならない」という原罪思想が教義の起点となっています。

これに対し、天風哲学では「人間は本来強いものである」という観点から説かれます。

次に、この点について説明しましょう。

（1）仏教においては、釈迦は人生を不幸にする出来事を四苦八苦として八つ挙げています。まず、生・老・病・死すなわち、人が生まれること、老いること、病にかかること、そして、死ぬことを四苦と呼びました。それに、愛別離苦《あいべつりく》、怨憎会苦《おんぞうえく》、求不得苦《ぐふとくく》、五陰盛苦《ごおんじょうく》の四つの苦を加えて四苦八苦としました。

愛別離苦とは、どんなに愛し合っている人とも、いつかは別れなければならない苦しみのことです。釈迦は生後一週間で母親と死別し、その妹に育てられたので、ひとしお、この苦が身にしみたのでしょう。

怨憎会苦とは、うらみ憎む人に会う苦しみを指します。

求不得苦とは地位、財産、名誉のように、人間には欲しいものがたくさんありますが、それらが思うように得られない苦を言います。

五陰盛苦とは、魂が人間の肉体に宿ったこと自体が苦のもとであるというものです。身体があるから、食物を摂取しなければならないし、衣服を着け、家に住み、子どもを産み、育てなければならない……というわけです。

さて、これらの苦から解脱するための方法として釈迦は八正道《はっしょうどう》を説きます。すなわち、「正しく見、正しく思い、正しく語り、正しく仕事をなし、正しく生活し、正しく道に精進し、正しく念じ、正しく定に入る[2]」という八正道の実践生活がそれです。釈迦は、「人生は苦である」という観点から論を起こし、その解決法として八正道を説いたのです。

（2） キリスト教では、聖書の創世記には、「悪魔ありき、蛇の如し、従容として女に告げて曰く、汝等《なんじら》よ、園中に善悪を知る樹あり。依《よ》って其《そ》の果実を食すべし。之《これ》を食すれば、汝等の目忽《たちま》ち開けて、神と同一の智恵を得《う》べし[3]」とあります。この悪魔の誘惑に負けて、アダムとイブが禁断の木の実を食べたことが人類の苦の始まりであるとされています。

また前出のヨガ聖者、パラマハンサ・ヨガナンダは次のように言っています。

神は初めに人間の男と女を意思の力でお造りになりました。アダムもイブも初めは神と同じように意思の力によって子どもをつくる能力を持っていました。二人は悪魔の誘惑に負け、禁断の木の実を食べたために、エデンの園から追放されました。それ以来、人間は動物と同じように、性的結合によって子孫を繁殖させるようになりました。その結果、女性は出産の苦しみを味わい、夫婦は、生まれた子どもが気に入らなくても、自分たちの子として育てなくてはならなくなりました。「あの原罪さえ犯さなければ、人間には幸せな人生が約束されていたはずだった」と主張しているのです。[4]

（3）　天風哲学においては**「人間は本来、強いものだ」**と断定します。これは地球の三五億年にわたる人類進化の歴史を見ても明らかです。アメーバのような単細胞だった生物が、やがて多細胞生物へと進化し、クラゲ、ウニ、イソギンチャクになり、エビ、カニなどの甲殻類が登場し、魚類が海の王者となりました。その中から陸上を目指すもの――カエル、イモリ、サンショウウオなどの両生類が、続いて爬虫類《はちゅうるい》が誕生します。爬虫類は肺呼吸をする優れた能力も持っていましたが、酸素の運搬に銅を用いたために、身体が冷たいままでした。これに対し、哺乳類は血液の中に鉄を用いることによって恒温動物となりました。哺乳類はさらに進化し、オランウータン、ゴリラ、チンパンジーといった霊長類は知的活動を行い始めました。四〇〇万年前にはアウストラロピテクス（猿人）が出現し、その後は二本足で歩くピテカントロプス・エレクトス（原人）が現れ、ネアンデルタール人（旧人）、さらにホモサピエンス（理性人の意）が登場します。これが今、地球上で最高に進化したわれわれ人類です。

このようにアメーバから人類まで三五億年もの間、生きて、生きて、生きぬいてきた命が今の人類です。**だから、人間は強いのです。**地球が氷河に覆われた時期も、火山が噴火した時も、地面が水浸しになった時にも、人間はそれらの逆境を乗り越えて生き続け、進化してきました。世間には「雑草のような強さ」という言葉があります。しかし、雑草だけが強いのではなく、植物も動物も、生きとし生けるものはみな強いのです。そして、その中でも生命進化の最先端にいる人間の命は断然強いのです。

このように、天風哲学は「人間は本来、強い存在である」という確信からスタートします。

2 堀田和成『八正道のこころ』法輪出版、4ページ。
3 中村天風『安定打坐考抄』天風会、38ページ。
4 パラマハンサ・ヨガナンダ講和集『人間の永遠の探求』森北出版、281-282ページ。

7　生命に内在する巨大な力

「火事場の馬鹿力」という有名な話があります。

　ある時、近所に火事があり、近隣の人たちは思い思いに大切なものを持って、我が家から逃げ出してきました。やがて、火事が無事におさまり、みんなが家へ帰る段になって、そこに重たいタンスが持ち出されているのが見つかりました。「一体だれがこんな重いものを持ち出したんだ？」と騒ぎになりましたが、何と、それはお婆さんだったのです。「お婆さん、どうしてこんなものが持ち出せたのですか？」「私にもわかりません」「それなら、これを持って、もう一度、家の中へ運んでください」「とんでもない。私に、こんな重いものが持てるものですか」という話です。このように、人間はいざという時には、自分でも予期しない大きな力**（潜勢力）**を発揮します。

『ブッダ永遠のいのちを説く』という本の中に、法華経の次のようなたとえ話（衣裏繋珠の比喩）があります。

　貧乏のどん底に陥ってしまった男が、立派な生活を送っている友人を訪ね、酒を振る舞われて寝込んでしまいます。友人は貧しい生活の男が、いざという時に役に立つようにと、衣服の裏に宝石を縫いつけさせました。翌朝、友人が出掛けたあと、貧しい男は立ち去り、それから数年して、再び友人のもとを訪ねます。ところが男はせっかくの友人の思いやりの宝石の存在を知らずに、相変わらず生きるか死ぬかの境遇をさ迷っていたのです。

凡夫は、せっかく自己の中に内包されている宝石（仏性）に気づいていないということを明らかにするために、この比喩が示されています。私たちは持って生まれた巨大な潜勢力に気づくことなく、それを使わずじまいに、人生を終えようとしているのではないでしょうか。

「あなたは自分の持つ命の力を、弱くて小さなものだと決めつけてはいませんか？」

あなたが自己の持つ生命力を低く評価しているのだとしたら、その理由は、おそらく今までの自分自身の経験や知識の範囲で評価しているためです。つまり、「今まで自分が持っている、強い生命力を出した経験がない」か、「人間には強い力があることはわかっていても、自分にはそのような力がないと諦めている」か、あるいは、「その力を出す方法を知らないために、自分にはそんな力はないと思い込んでいる」からなのです。

今まで知らなかったか、あるいは、出したことがなかったために、人間にそのような大きな力があることに、あなたは気づいていないのです。自分の生命の奥に、巨大な潜勢力が実在している事実にぜひ気づいていただきたいと思います。

人間には、このような偉大な潜勢力があるという点について、歴史上の優れた哲学者や精神科学者は、次のように説明しています。

（1）アメリカのオリソン・スウェット・マーデンは『いかにして希望を達すべきか』という著書の中で、「人には、何人《なんぴと》にも、自己を強くし、健康や運命を幸福に導いてくれる巨人の如き力がある。不幸にも人々の多くは、人間の弱い方面のみを考えて強い方面を考えない」と語っています。

（2）ドイツの大哲学者イマヌエル・カントは、この潜勢力のことを「生命余力説」という論文の中で、「人間には病者にも健康者にも、否《いな》あらゆる総ての人に、その命の中に、自己の健康を確保し、また、自己の運命を開拓し得る感謝に値する余力を生まれながら与えられている」と説明しています。カントは医者から見放された自己の病弱を精神力で克服した経験に立って、潜勢力の偉大さを説いたのです。

（3）イギリスの歴史家トーマス・カーライルは、「およそ人の強さを知らずに生きているものほど、情けないものはなく、また、あわれなものはない。所詮《しょせん》こういう人間は、ちょうど水の上に生じた泡のようなもので、ただ、その生命の生まれ出た惰性《だせい》で生きているというにすぎない。だから惰性が衰えれば自然とその生命も早老し、そして、一生その価値を発揮しえず、結局、何十年の間もこの世にいたというだけで、ただ、無為に終滅してしまうのみだ」と述べています。

現代の人々を見ると、このような無自覚で無為な生活をしている人が少なくありません。多くの人々は自己のみを本位とし、自己のみを標準として、富や名誉、地位ばかりを求めて生きています。そうした人々の中には、病や運命にさいなまれ、苦悩の中に、日々の人生を過ごしている人が多いのです。

そのような人生では、何のためにこの世に生まれてきたのかわかりません。私たち人間には、自己の生命の中に潜勢力というすばらしい力が実在しているのですから、まずは、そのことを自覚する必要があります。すなわち、人間の生命に潜勢力が内在することを強く信じなければならないのです。

そもそも、人間は何のためにこの世に生まれてきたのでしょうか。

人がこの世に生まれ出た理由は、絶対におかすことのできない大きな使命があるからです。それでは、その大使命とは何かというと、おおまかに言えば**「宇宙の進化と向上とを現実化することに努力する」**ということです。潜勢力が人間に与えられているのは、この「本来の使命」を実現するためなのです。

この潜勢力を発現するための方法が、心身を調和・統一し、増大した生命力を積極的に発揮することを可能にする心身統一法、すなわち、生命力の開発法なのです。

5 渡辺宝陽『ブッダ永遠のいのちを説く』（上）ＮＨＫ出版、１００ページ。

8　心身を統一して、正しく生きる

それでは、「心身を統一して生きる」ためには、どうすればよいのでしょうか。

まず、私たちの「生きている」という事実をよく眺めてみましょう。一体、私たちはどうして生きているのでしょう？　どうして生命は存在しているのでしょう？

ギリシャの神話に次のような話があります。

ある時、悪魔が町に現れて、「これから、お前たちのものをすべて奪い取ることにする。しかし、悪魔にも情けはある。明日までに残しておいてほしいものを一人ずつ、一つだけ書き出せ。それ以外のものは一切、俺が奪い取るからな」と言い残して去りました。

町の人たちはてんやわんやの大騒ぎです。「俺は金だ」「私は家だ」「私は宝石だ」「私は食べ物だ」とそれぞれがいろいろなものを書き出しました。

ところが、一夜明けてみると、その町には何と、たった一人の人間だけしかいませんでした。金だ、家だ、宝石だなどと書いた人々は、もっとも肝心な「命」のことを忘れていたのです。たった一人だけが「命」と書いたので生き残ったのでした[6]。

このように現代の人々は、ともすれば「命」の大切さを忘れがちです。金や家や仕事や名誉や愛など、すべてが大切なものではありますが、命がなければ何にもなりません。まさに「命あっての物だね」です。

では、命とは何でしょう。すでにお話したとおり、命は心と身体からできています。命を生きるということは、心と身体が生きることです。そしてそこには、おのずから生きるための法則があります。それが**「自然法則」、つまり、自然に即した、生きるためのルール**です。私たち人間が生命存在を確保するためには、この自然法則を無視してはなりません。

古代人は自然のままに生きていました。日が昇ると目覚め、日中は働き、日が沈むと眠りました。文明が進むに従って、人間は工夫をこらし、生活を変えていきました。しかし、私たち人間の命は、もともと自然法則によって造り出されたものです。そして、その生きるための法則は、現在も厳格な状態で存在しています。

たとえば、草食動物である牛や馬が、肉食動物であるトラやライオンのような生き方をすれば、すぐに命を失ってしまいます。人間も同じです。いくら美味しいから、栄養があるからといっても、肉食動物と同じように動物性蛋白質を多く摂っていると、いわゆる成人病に侵されて、死を早めるのは自然の摂理です。自分の意のおもむくままに、勝手気ままに肉体を偏重したり、精神だけを重視したり、といった生き方は間違っているのです。

人間の生命要素は精神生命（心）と肉体生命（身体）です。**人間が生きる時、精神と肉体がそれぞれに守らなければならない決まりが二つずつあります。**これらの決まりは厳格に守られなければなりません。それらの決まりとは、次の四つです。

（1）心の持ち方（精神生命の生活態度）は本然即応でなければなりません。わかりやすく言うと「いかなる場合にも、心の持ち方を積極的に持つ」ことです。

（2）心は精神統一して使うことが肝要です。常に観念を集中（後述）することです。

（3）肉体生命の持ち方は条件調和です。すなわち自然法則に順応して生きなければなりません。

（4）肉体の使い方として重要なのは、訓練を通じて積極化することです。そうすると、身体の持つ可能性が十分に発揮され、老齢期になっても若さを残し、急に老け込むことがなくなります。

「心の持ち方を積極的にする」「精神を統一し、観念を集中させる」「肉体を自然の法則に順応させる」「訓練を通じて肉体を積極化する」

これら四つの決まりを守ることにより、宇宙に遍満存在している生命を活かす活力《ヴリル》が己の中に充実し、命の中に生きる力を取り込むことができます。これらの決まりを遵守することが心身統一法の基本です。ぜひ実践していただきたいと思います。

6　中村天風『君に成功を贈る』日本経営合理化協会、244-247ページ。

図2 「正しく生きる」ための四つの決まり

身体（肉体生命）		心（精神生命）	
使い方	持ち方	使い方	持ち方
訓練で積極化	自然法則に順応	精神統一	積極的

9　心と身体は互いに影響し合う

人間の命の生きている姿を見ていくと、身体と心が神経によってつながりながら一体となって働いています。これを図示すると、次ページの図のようになります。

人間は「動く（運動）」「感じる（感覚）」「呼吸」「血液の循環」「消化や吸収」「排泄」などの機能を持っています。これらの機能はそれぞれ、次の器官が担当します。

運動……口、手、足
感覚……目、耳、鼻、舌、皮膚
呼吸……肺
循環……心臓、血管
消化……胃、腸、肝臓、膵臓《すいぞう》
吸収……小腸、大腸
排泄……腎臓、膀胱《ぼうこう》、直腸

これらの器官を動かし、その働きを調整しているのが神経系統です。手や足などを動かす神経が「運動神経」、そして、目、耳、鼻、舌、皮膚から刺激を受け取り、脳の中枢へ伝える神経を「感覚神経」と言います。また、肺や心臓や胃や腸などは心が命令しなくて

図3　心と身体のつながり

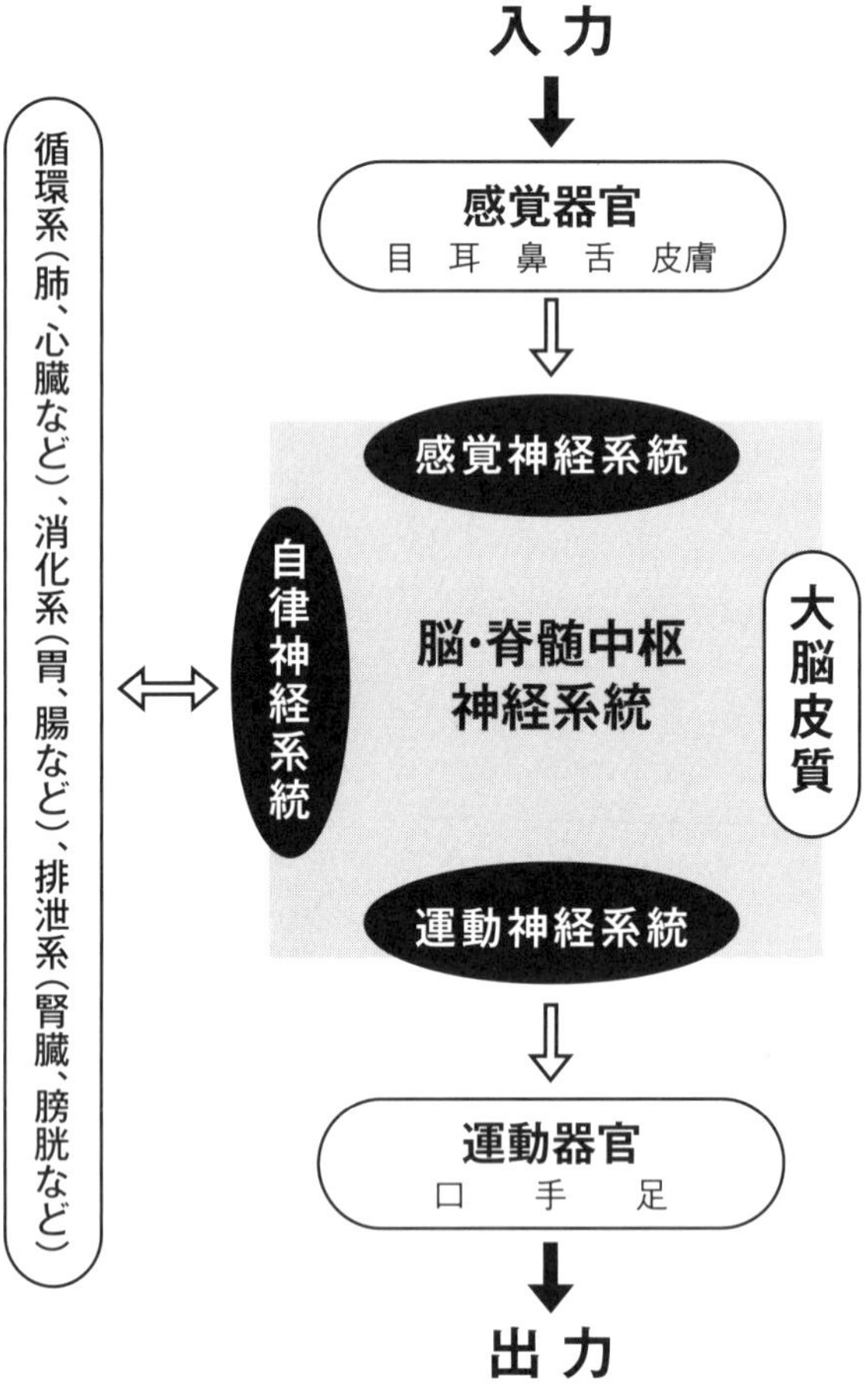

も自動的に働きますが、これらの器官を自律的に動かす神経を自律神経（植物性神経）と言います。自律神経は、交感神経と副交感神経とから成り、これらの二つの神経が相反する作用をしながら、内臓諸器官を動かし、調整しています。

運動神経に命令するのが「意思」です。会社へ出勤するように意思から命令が出るから足がその方向へ動きます。一方、目や耳でとらえた刺激が、大脳の各中枢に送られ、「怖い」「うるさい」といった感覚を成立させるのは「意識」です。熟睡している時のように、意識が消失している状態では感覚は成立しません。

自律神経は命令がなくても自ら働いてくれる神経です。しかし、まったく自律的で他の影響を受けないかというと、そうではありません。びっくりすると心臓がドキドキするように、感情によって自律神経は敏感に影響されるのです。もちろん、思考や意思によっても左右されます。

意識、意思、思考、感情はいずれも心の働きです。

肉体を動かしているのは各器官であり、各器官を動かしているのは神経系統です。そして神経系統に命令を発したり、その働きを確保したりしているのが心です。命がこの世で生きていくためには、心が命令を発し、神経系統が命令を伝達し、これを受けて肉体が行動するという流れを繰り返しているのです。

10 心から身体への影響は「一筋の川の流れの如し」

心の命令は、神経を通じて身体に伝えられます。反対に、身体がだるいとか、胃が痛むとかという身体の状況は神経を通じて脳へ報告されます。報告を受けた脳は、「疲れているのだから、少し休みなさい」といったような適切な指令を出して、これに対応します。

心と身体のかかわり方を、たとえを使って整理してみると、次のようになります。

（1）身体↓心……一風呂浴びると気分は爽快になる
（2）心↓身体……悲しむと食欲をなくす
（3）心↓心……物事を明るく考えると、楽しい感情が湧いてくる
（4）身体↓心↓身体……体の故障は心を不快にする。それを心配すると、さらに身体に悪い影響を及ぼす

このように、心と身体は密接な深いかかわりあいを持ちながら働いています。ここで注目すべきは、**心が身体に及ぼす影響は絶対的である**ということです。百のものは百として伝えられます。その一方、身体から心に及ぼす影響は相対的、部分的です。たとえば、夏

の夕暮れ時に、戸外で将棋に熱中している時などは、蚊に刺されても何も感じません。

命は一筋の川の流れ——川上に心があり、川下に身体がある——と考えることができます。命が生きる場合には、心が主導性を持っており、人間の心の働きは脳が中心的な働きを行います。

また、感覚や知覚、感情、思考、意思などは、心の領域にあります。感覚や知覚は外界から心に入る刺激を受け取る「門番」のような役割をしています。ところが、この門番が臆病であったり、気弱であったり、興奮しやすく怒りっぽい性質であったとしたらどうでしょうか。外から入る刺激を消極的に受け取り、心を乱して我を失ってしまうことになるでしょう。反対に明朗闊達《めいろうかったつ》な門番であれば、同じ刺激をそのまま受け取っても、心の安定と平静を失わず、正しい判断のもとに、適切な行動をとることができるでしょう。

このように、外界から刺激を受ける時の心の働きのことを**感受性**《かんじゅせい》と呼びます。つまり、外からの刺激を身体の器官を通して受け取る時の受け取り方です。この感受性には個人差があり、同一人物でも時と場所によって差があります。たとえば、同じ寒さに対しても、耐えられないほど寒く感じる人と、寒くても身体に応えない人とがあります。また、同じ気温の時でも、風邪をひく場合と、ひかない場合とがあります。

このように、感受性の強弱によって、同じ寒さに対しても、風邪をひく人とひかない人があり、また、同じ人間でも、風邪をひく場合とひかない場合があります。ですから、私たちは、この感受性というものを強くすることが重要になってくるのです（感受性を強くする方法については、第二章以降で具体的に述べていきます）。

ここではもう一点、**心の状態が身体に及ぼす影響が想像以上に大きい**ことについて知っていただきたいと思います。私たちが心に思うことの中で、とくに「感情」というものは肉体に大きな変化を及ぼします。怒りや怖れや悲しみという激しい感情を持つと、すぐにその人の身体に、はっきりと影響が現れます。激しく怒っている人は、顔が赤くなり、眉がつりあがり、ブルブル震えたりします。恐ろしい目にあうと、人はゾッとして皮膚に鳥肌が立ち、心臓は鼓動を早めます。あるいは、悲しむと涙が出て、身体の力が抜けてしまいます。

外部に変化が現れるばかりでなく、肉体の内部にも大きな影響があります。たとえば中国のことわざに次のようなものがあります。

「怒れば肝を害す」「怖れは心を害す」「考えは胃を害す」「悩めば肺を害す」

怒りや怖れという消極的感情を持つと、毛細血管が収縮し、血圧は上昇します。心が絶えず不安な緊張状態にあると、肝臓内の糖原質（グリコーゲン）の異常分解によって、糖尿病にかかりやすくなります。また、胃液の分泌が異常をきたし、胃潰瘍を発生する怖れもあります。心が怒り、怖れ、悲しみなどの消極感情を持つと、運動神経ばかりでなく、自律神経にも影響し、内臓器官の働きを阻害し、種々の病の原因となります。

とくに注意すべきことは、「病を気にするあまり、病気になってしまう」ケースです。ある部分の病を気にしてばかりいると、やがて、その部分の機能が働きにくくなり、機能障害を引き起こす可能性が高くなります。その結果、病の回復を遅らせることにもなりかねません。これは、(病を気にすると)肉体生命を維持する大切な神経系統がバランスを失い、生命の中に潜む病を治す力、すなわち、自然治癒能力というものが働かなくなるからです。

また、消極感情を持つと、血液が濁ります。「血は命なり」と言われ、血液は肉体生命を維持する上で、非常に大切なものです。血液内の赤血球は栄養分を運ぶ働きをし、白血球は人体に害を及ぼすウイルスやバクテリアを除去する役目を担います。ところが、人間が消極感情を持つと、肝臓内の肝グリコーゲンを異常分解し、血液中の糖分が増加し、血液が酸性化します。人間の血液は本来、弱アルカリ性であるのが望ましいのですが、これが酸性化すると、白血球は働かなくなり、解毒作用がにぶくなり、その結果、ウイルスやバクテリアなどの外敵に侵され、病に苦しむことになります。

怒りっぽい人、臆病な人、悲観しやすい人など、いわゆる神経過敏で、感情的な人が病にかかりやすく、また、いったんかかったら治りにくいのはこういう原因があるからです。

11 心を積極的にすれば、人生はすべて好転する

ここまで見てきたとおり、心と身体は密接なつながりをもって、互いに影響し合っています。繰り返しになりますが、大切なことは、身体から心への影響は部分的であるのに対し、心から身体への影響は絶対的であるということです。身体の状態は心に影響したり、あるいは、しなかったりしますが、心の持ち方はそのままストレートに身体に影響を与えます。怒り、怖れ、悲しみといった消極感情を持ち続けると身体はその悪影響を受け、やがて健康を損ないます。ですから、心はいつも明るく、朗らかに、活き活きとして、勇ましく、積極的に持たなければなりません。心は人間生命の全体を活かす原動力なのです。

ここでは、心が人生のそれぞれの場面において大きな影響力を持っていることについて考察しましょう。

(1) 心と運動

今、ある男性が駅に向かって歩いています。彼の心の中には電車に乗ろうという意思があり、まず駅に向かって歩いているのです。同様に、字を書く時も、その人の意思が運動神経に命令し、手足が動いているのであり、手が筆を持って勝手に動いているので

はありません。頭の中に何をどのように書くかという構想があり、その構想に従って手が動きます。このように、運動は心の命令に従って行われます。

（2）心と知覚

人間は、目で受け取った刺激を大脳へ送り、大脳の視覚野で映像化し、大脳の統合野で、それが何であるかを理解します。恋をしている時には可愛く見えたえくぼが、恋が醒めれば「あばた」に見えると言います。これは、恋という感情の状態によって視覚が変化するからです。通常ならとても重く感じる荷物も、美しい女性に頼まれれば、さほど重くは感じなかったりするのも、これと同じ理屈です。人は視覚、聴覚、味覚、触覚などの感覚を使って生きています。その人の気持ちや心の状態が、これらの感覚、知覚を左右するのです。

（3）心と身体

感情は心で起こる現象ですが、その影響は心だけにとどまりません。恥ずかしいと思うと、ただちに自律神経を介して顔面の血管が拡張し、多くの血液が流れ込むため、顔が赤くなり、頬がほてってきます。激しく怒ると、眉はつり上がり、眼光は鋭くなり、口はカラカラに渇きます。悲しむと、生命エネルギーが急速に失われ、心も身体も無力化します。激しい消極感情は身体をかき回し、身を削ります。心の持ち方は身体に大きく影響します。

（4）心と病

気の進まない縁談を強いられている女性は、しばしば食事がのどを通らなくなると言います。また、資金繰りに苦しむ会社の経営者は胃が痛くなり、その状態が続くと胃潰瘍になったりします。精神的煩悶から引き起こされる身体的障害が心身症です。逆に、心が明るく強い人はなかなか病にかからず、病気になっても回復が早いものです。感情や思考が積極的だと身体は健康になり、感情や思考が消極的だと身体は不健康になっていきます。

（5）心と命

それまで気丈に胃潰瘍と闘いながら、闘病生活を送っていた人が、じつは癌だと知ったとたん、落胆し、衰弱して命を落としたという例があります。また、激しい衝撃や悲嘆で急死する人もいます。肉体を支え、動かしているのは神経系統です。「だめだ」と心が絶望した時、神経系統の働きは一挙に衰退し、時には命を落とすことさえあるのです。

（6）心と仕事

事業経営の三大要素は人、物、金であると言われます。財物や資金は事業の経営に欠かすことのできない大切なものですが、何よりも必要なものは、経営者の「やる気」です。経営目標を設定し、目的達成に対する情熱を燃やし、努力を重ねていくことが事業を成功させるには不可欠でしょう。経営者の心の持ち方で事業経営は良くも悪くもなるものです。

(7) 心と幸福

「幸福とは何か」と尋ねられると、多くの人々はお金、家庭、仕事、地位や名誉などを挙げます。しかし、先に述べたように、これらは幸福になるための条件であって、幸福そのものではありません。幸福とは心が感じるものです。幸福の条件がそろっていても、幸福を感じない人は、幸福ではないのです。反対に、幸福の条件がそろっていなくても、幸福を感じる人は幸福なのです。幸福を感じるのは心であり、心が幸福を創るのです。

(8) 心と運命

中村天風は**「運命には天命と宿命の二つがある」**と説きました。天命とは、今の時代に、日本という国に、男として、あるいは女として生まれたことです。そのほかのことは宿命であり、すべては自己の責任です。入学試験に受かったのも落ちたのも、事業に成功したのも失敗したのも、現在の家庭を持ったのも、すべてが宿命です。人事を尽くして初めて天命を待つことができるのです。天は自ら助くるものを助くのです。心は運命を拓《ひら》きます。

以上、ざっと見てきたように、心の持ち方は、運動、知覚、身体、病、命、仕事、幸福、運命に大きな影響を与えます。これらは人生そのものであり、結局、心の持ち方によって、人生は良くも悪くもなっていくのです。

中村天風は、いつも**「人生は心一つの置きどころ」**と言っていました。西洋にも「心は天国をつくり、地獄をつくる」ということわざがあります。消極的な、弱くて暗い心は、人生を不幸に陥《おとしい》れ、その反対に積極的な、明るく朗らかな心は、建設的な、生きがいのある人生をつくることになるのです。

12 「感応性能」の強化が積極的な心をつくる

ここまでは、心を常に強く、明るく、積極的に持つことがいかに大切かということについて述べてきました。では、どうすれば心を強く、積極的に保つことができるのでしょうか。

中村天風は心を強くするための手がかりとして、**感応性能**《かんのうせいのう》（Suggestibilität）という概念を考え出しました。感応性能という言葉は天風哲学独特の用語です。

人の身体の中心にはヘソがあり、そこには太陽神経叢《しんけいそう》というものがあって、生きるための活力が蓄えられています。同様に、心の中枢には感応性能というものがあり、心の働きを左右しているのだと考えると理解しやすいと思います。感応性能とは、外界からくる刺激を感じ（感受性）、それに対して反応する（反応性）心の働きを言います。自動車が近づいてきたら（感受性）、すぐ除けます（反応性）。感受性と反応性がほとんど同時に働くのです。外部からの刺激に対して、感じ、応じる心の働きを感応性能と名づけたわけです。

私たちが注意しなければならないのは、この**感応性能という心の働きが、習慣となって人々の心の傾向性を示す**ということです。すなわち、人々を感応性能の強い人と弱い人の二種類に分けることができます。

感応性能が強く、積極的な人は物事を気にしません。いつも泰然自若としていて、明朗で楽観的です。次のような人が感応性能の強い、積極的な人の例です。

・陽気な人、明朗な人、快活な人、元気な人、大胆な人、腹のすわった人、神経が太い人、気が大きい人、心が広い人

一方、感応性能が弱く消極的な人は、些細なことでも気にします。小さなことにも驚き、泣き、悲しみます。いわゆる悲観的な思考の持ち主です。次のような人が感応性能の弱い、消極的な人の例です。

・陰気な人、暗い感じの人、悲観的な人、臆病な人、神経過敏な人、気が小さい人、怒りっぽい人、苦労性の人

心が強いか、弱いかは感応性能が積極か消極かに比例します。したがって、感応性能が積極か消極かで人生は大きく違ってきます。感応性能の積極化とは、いつも心を、明るく、朗らかに、活き活きとして、勇ましく持つことです。

ここで、積極と消極の言葉の意味を確認しておきましょう。

宇宙は創造と破壊を繰り返しながら、総体としては進化し、向上するという方向に動いています。このような動きをする宇宙エネルギーは常に二つの方向性を持ちます。一つは創造の働きをするエネルギーです。これを**創造の気**と呼びます。この気を私たち人間が受け入れる時、私たちは積極の気となります。プラスの気と考えるとわかりやすいかもしれ

ません。物事を考える時、このプラスの気と結びつきながら考えると、その考え方はプラス思考となります。これが積極思考ということです。何事に対しても、明るく、朗らかに、前向きに考えることができます。

もう一つは、破壊を行うエネルギーです。これを**破壊の気**と呼びます。この気を私たち人間が受け入れると消極の気となります（マイナスの気と考えるとわかりやすくなります）。物事を考える時、このマイナスの気と結びつきながら考えると、その考え方はマイナス思考となります。これが消極思考です。いつも、引っ込み思案で、何事に対しても否定的で、暗く、悲観的な方向から考えてしまいます（第三章の6でもう一度説明します）。

私たちは心を積極化し、常にプラス思考で積極的に生きなければなりません。ただし、その積極心も積極の程度により、二通りに分けて考えることができます。**相対的な積極**と**絶対的な積極**です。たとえばスポーツの試合などで、相手に負けまい、勝とうとする気持ちは相対的積極です。仕事で難しい問題に直面して、それを何とか無事に切り抜けようとする気持ちも相対的積極です。

これに対し、絶対的積極というのは、勝とう、負けまいという勝負にこだわることなく、ただ己のベストを尽くすという虚心平気の心持ちでのぞむことです。同じ積極であっても私たちはこの絶対的積極の心を目指すべきだと言えます。

中村天風はこの絶対的積極の心の状態を山岡鉄舟の詩を引用して説明しました。絶対的積極とは、「事あるも事なきも、事なき日のそれの如く、晴れて良し、曇りてもよし、富士の山」の心境です。いつも、平静心で生きるということです。

さて、この感応性能を積極化するにはどうすればよいでしょうか。中村天風は私たちに具体的な方法論、すなわちノウハウを教示します。

感応性応を積極化する方法は次の三つです。

・**観念要素の更改法**（潜在意識への対策）
・**積極精神の養成法**（実在意識への対策）
・**神経反射の調節法**（ストレス解消法）

これらの三つの方法については、第一～四章において、順次、具体的に述べていきます。

もう一つ、絶対的積極心を養うための心の安定化法としては、**安定打坐法（天風式坐禅法）**があります。人間の心に絶えず湧き起こる雑念や妄想を取り去り、無心の気持ち、尊く強く正しく清い心（本心）を得るために、天風が従来の坐禅に創意工夫を重ねて編み出した方法です。安定打坐法は坐禅のように長く坐る必要がありません。訓練を重ねれば、一五～二〇分程度で無心の境地を得ることが可能となります。

紙数の都合により、本書では安定打坐法の説明については、この程度に留めておきますが、興味のある方は、天風会の関連書籍などをぜひご参照ください。

図4　心身統一法の要諦

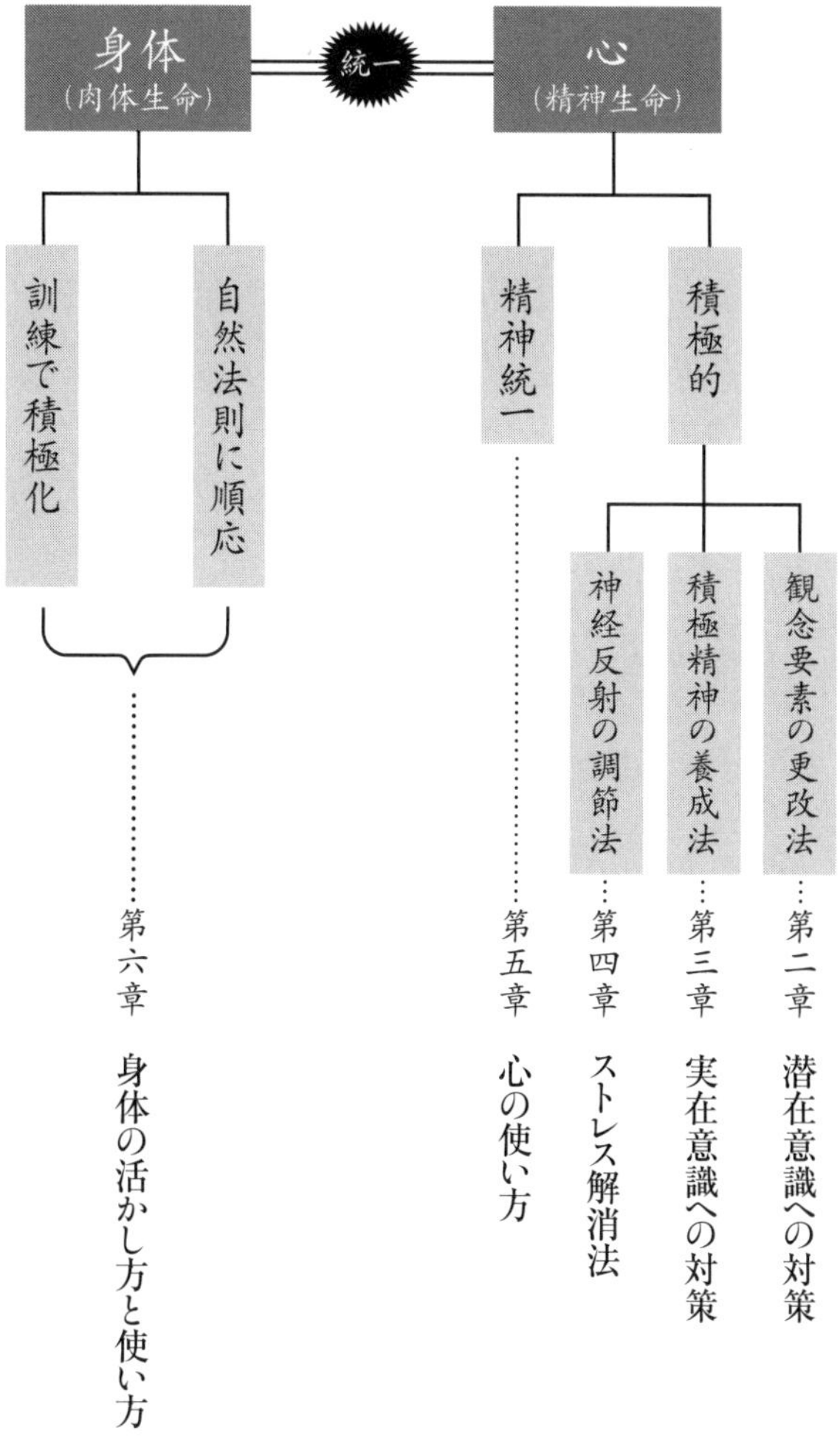
身体
（肉体生命）
統一
心
（精神生命）
訓練で積極化
自然法則に順応
精神統一
積極的
神経反射の調節法
積極精神の養成法
観念要素の更改法
第六章　身体の活かし方と使い方
第五章　心の使い方
第四章　ストレス解消法
第三章　実在意識への対策
第二章　潜在意識への対策

第二章

潜在意識への対策

第一章で述べたとおり、「心が強い」「弱い」というのは感応性能の働きが強いか弱いかによるものです。心の強弱と感応性能の強弱は比例します。

ただし、生まれながら感応性能の強い人はいません。心が強いか弱いかは人々の日ごろの思い方や考え方が強いか弱いかによって決まります。また、心は実在意識（表面で働く意識）だけでなく、心の奥にもう一つ潜在意識という心の倉庫があります。人々が物事を考える時には、この心の倉庫の中から思考の素材が取り出され、思考が組織的に組み立てられていきます。その組み立てるための材料が**観念要素**です。

観念要素が消極的だと消極的な思考が組み立てられ、観念要素が積極的だと積極的な思考が組み立てられます。この章では、人々の心の倉庫の奥底にある観念要素を積極化していくための方法、すなわち、**観念要素の更改法**を紹介します。

1 潜在意識は「記憶の倉庫」

私たちは、目や鼻や耳などの器官（感覚器官）を使って物事を認識します。たとえば花屋さんの前で花を見て、それがバラだと知覚します。匂いを嗅ぎ、「これを彼女にプレゼントすれば、さぞかし喜ぶことだろう」と考えます（思考）。そして、バラの花束を買う決意をし（判断）、実際に買い求め（意思）、彼女のところへと歩いていきます。

このように心の中では次々と意識現象が働きます。感覚、知覚、認識、感情、思考、意思などの心の働きを**観念**と呼びます。私たちは毎日、観念を使って生活し、この観念が働いていることを自分自身で意識します。この意識できる心の領域を**実在意識**と言います。

私たちは刻一刻と移り変わる実在意識を使って生活をし、仕事をし、勉強をします。ただし、ある活動が終わっても、そこで行ったことがすぐに心から消え去るわけではありません。つまり、仕事も勉強も生活の上でのすべての出来事は、体験としてもう一つの心の領域に記録されます。この記録される心の領域のことを**潜在意識**と言います。

潜在意識の中には、私たちの過去の体験の記録がすべて蓄積されています。潜在意識とは、言わば私たちの体験と記憶の倉庫です。唯識《ゆいしき》という仏教の教義では、潜在意識には阿《あ》頼耶識《らやしき》というものがあり、そこにはその人の、生まれてからこれまでの記憶ばかりでなく、生まれてくる以前の記憶も蓄積されているとされています。

このように潜在意識は、実在意識の活動の記録を収めている図書館のような存在です。そして、潜在意識の内容は、実在意識の内容よりもはるかに大きい容量を占めています。これを氷山にたとえればわかりやすくなるかもしれません（周知のとおり、氷山は海面に浮かんで見えている部分よりも、海底に沈んでいて見えない部分のほうが大きい）。

ところで、観念は実在意識の領域において成立しますが、知覚し、理解し、思考する働き（観念）は実在意識だけで行っているのではありません。潜在意識の中に蓄積されている素材が実在意識へと呼びもどされて、組み合わされて観念が成立します。

たとえば、実在意識が目の前にある物の形や色や匂いを感覚したとします。それを潜在意識内の記録と照合し、それがバラの花だと認識します。つまり、実在意識は潜在意識に助けられて活動しているのです。一方、実在意識は体験した事柄を記憶として次々と潜在意識に送り込みます。これらが蓄えられることによって、潜在意識の内容はますます豊富になり、実在意識の要望に、十分に応えられるようになっていくわけです。

このように実在意識と潜在意識は、お互いに協力しながら、心の働きを活発に営みます。**潜在意識から実在意識へと馳せ参じ、観念の構成に関与する素材の中で、とくに重要な素材のことを観念要素と言います。**観念要素は観念を、積極的な良い方向にも、消極的な悪い方向にも導きます。消極的な観念要素は思考や感情を消極的にし、積極的な観念要素は思考や感情を積極的にしていきます。

潜在意識の中には、生物としての進化過程における体験や、人類としての生活体験も蓄積されています。しかし、何といっても、その人が生まれてから現在までの体験が、もっとも多く蓄積されています。しかし、だからといって、すべての体験が同じように記録されるわけではなく、大変よく記録されるものと、あまりよく記録されないものがあります。強度と頻度の大きさが潜在意識への記録に影響するのです。

（1）**強度**

強い感動や衝撃とともに体験したことは、潜在意識に鮮明に印象づけられます。親しかった人との死別の悲しみ、海外旅行に行った時の楽しさ、優れた文学や音楽に接した時の感動、大きな試合で勝利した時の興奮など、強い情動をともなって体験したことは、たった一度でも潜在意識へ克明に刷《す》り込まれます。そして、潜在意識の中で鮮明に保存され、時に応じて実在意識へと再生され、鮮やかに思い出されることになります。

（2）**頻度**

強い情動がともなわなくても、何度も体験したことは、いつの間にか潜在意識へと入り込み定着します。テレビのコマーシャルも毎日繰り返されれば、記憶の中に刻み込まれるのと一緒です。感動的でなくても、繰り返し潜在意識へ送り込まれると、やがて、その事柄は潜在意識の中で重要な位置を占め、容易に再生されることになるのです。

高い強度、あるいは頻度で体験した観念要素は潜在意識の中に蓄積され、私たちの実在意識における観念に強力な影響を与えます。私たちが実在意識で、ある事柄を「よしやろう」と決意しても、「でも大変だよ。できるわけないよ」と心の中で反対するのは消極的な潜在意識です。「何としてもやらなければ」と再び決意しても、「でもなぁ……」と崩しにかかるのは潜在意識なのです。背後から、あなたを牛耳《ぎゅうじ》る黒幕的存在が潜在意識です。

私たちが真の幸福な人生を送るためには、**潜在意識を味方につけなければなりません。**そのためには、どうすればよいか。観念要素を強くしなければならないのです。

図5　観念と意識の関係

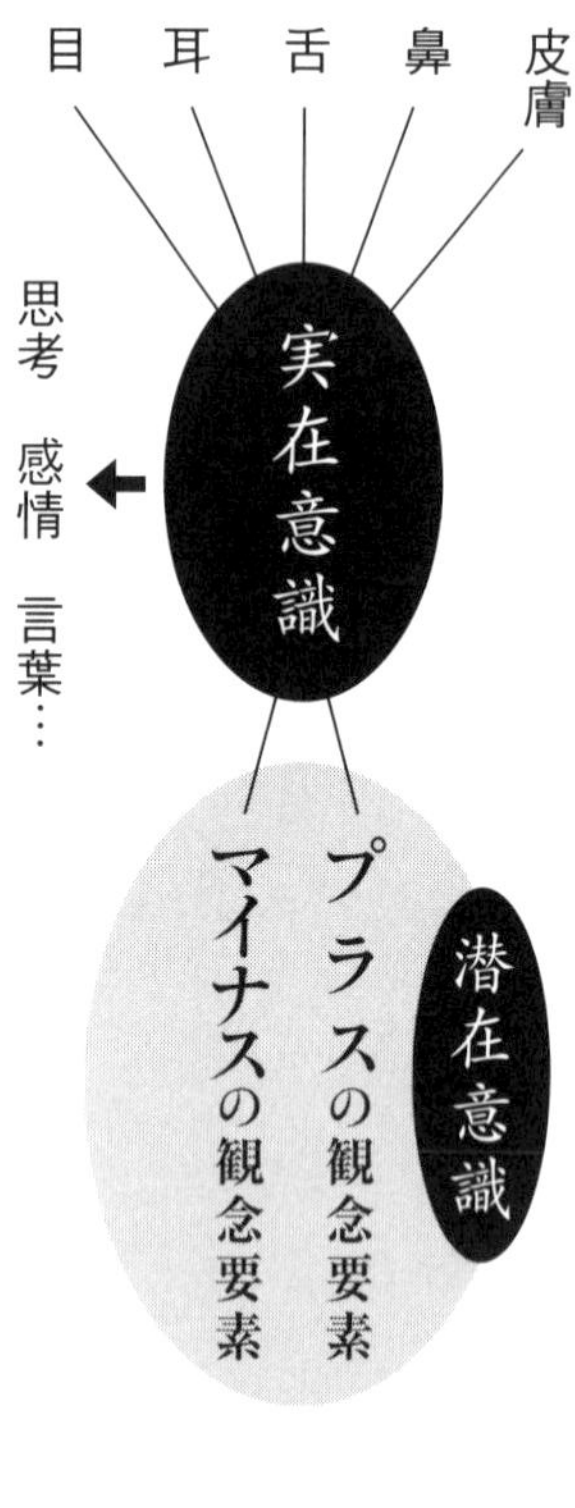

2　現代人の弱い観念要素を強くする

今日のように、世の中に消極的な刺激ばかりが充満している時代には、心を強くする努力をし続けないと、観念要素がどんどん消極的になっていきます。「自分は、もともと心が弱いから、自分が思うこと、考えることがすべて消極的になるのだ」と思うのは間違った考え方です。最初から弱い心などありません。ふだん思っていること、考えていることが消極的だから、いつしか潜在意識の中で消極的な観念要素が固定化し、消極的な心の持ち主になってしまったということなのです。

怒り、怖れ、悲しみ、恨み、嫉《ねた》み、憎しみ――これらの消極的な観念要素が潜在意識の中で重要な位置を占めていると、弱った、困った、希望が持てない、お先真っ暗だ、とてもやりきれない、死んだほうがましだ――などといった消極思考が心の中で渦巻きます。さらに、心配、煩悶、不安、焦慮《しょうりょ》、失望、落胆といった消極感情が実在意識の領域を占拠していくようになります。消極的な観念要素が潜在意識の領域を占拠し、それらが実在意識領に再生されて、思考や感情の成立に悪い影響を与えていくのです。

また、潜在意識の中の観念要素は、思考の進む方向を決めるのにも大きな役割を果たします。たとえば、胃がチクリと痛んだとします。それをきっかけに観念要素の消極的な人は、次々と悪い方向へと連想を進めるかもしれません。「さては胃癌では？」「これが原因で、ひょっとしたら死ぬのでは？」などと考え、白い布を顔にかけられた自分の姿を想像し、葬式の様子を目に浮かべたりします。「自分が死んだら妻や子はどうするのだろう？」などと、思考は消極的な方向にどんどん向かっていきます。潜在意識に消極的な観念要素がたくさんつめこまれていると、決して運命は好転しません。

それでは、私たちはどうすればよいのでしょうか。中村天風の答えは明快です。

「消極的な観念要素の代わりに、積極的な観念要素を入れ替えなさい」

今までの私たちは、知らない間に消極的な素材を取り入れていたために、潜在意識の観念要素が消極化してしまったのです。だから、その消極化してしまった潜在意識を、観念要素を入れ替えることで積極化しようというわけです。

昔から心を強くする方法として、学者や識者、あるいは宗教家などは、「辛い時、悲しい時に、消極的な思い方や考え方をするからいけない」と説いていました。けれども、そういう消極的なことを思ったり、考えたりするのがいけないのではないのです。

そうではなく、潜在意識の中に、そういうことを思わせたり、考えさせたりするような材料を貯め込んでおくことがいけないのです。材料がなければ出てこないのに、消極的な材料がいっぱい貯め込まれているから、それらが出てきてしまうのです。

たとえば、水槽の中に水を入れていたら、いつの間にかボウフラが湧いたとします。後から、いくら新しい水を注いだところで、ボウフラの卵をとらないかぎりは、いつまでたっても水槽からボウフラを一掃することはできません。これと同じ理屈です。

あるいは、マンションの部屋を借りにいっても、空き部屋がなければ入れないのと同じと言えます。積極的な材料が潜在意識の中へ入りたくても、入る余地がなければ入れません。だから何をおいても、まず第一に、潜在意識すなわち心の奥の大掃除をしなければならないのです。

自分の心をいつも積極的に保持し、思考を常に積極的な方向に向かわせるためには、何をおいてもまず、潜在意識にある観念要素を、それまでの消極的なものから、積極的なものに置き換える必要があります。

「今までとは反対に、自ら意識して、強い情熱をもって、しばしば、積極的素材を潜在意識に向かって投入すればよいのである」

そう言って、中村天風は積極的素材を潜在意識へと効果的に投入する方法を創意工夫しました。そして、編み出した方法を**観念要素更改法**と名づけました。

天風はこの方法を見出すまでに、約三年にわたるインドでの修行期間を含め、一六年の歳月を要したと述べています。観念要素更改法は史上、類例を見ないユニークな考え方であり、優れた方法であると言えます。

3 いかにすれば観念要素の更改ができるか

私たちの消極的な観念要素を、積極的なものに改めるにはどうすればよいでしょうか。

これまで述べてきたとおり、観念要素は実在意識の領域にはないので、私たちは意識して働きかけることはできません。しかし、幸いなことに**暗示**というものがあります。暗示を活用することによって、私たちは潜在意識に対して大きな影響力をもって働きかけることができます。

では、いったい暗示とは何でしょうか。心理学で言う暗示とは、「外部から与えられる言葉や文字その他による感覚的刺激を、心が無条件、無批判に受け入れ、それに同化されて一定の考えや行動が生まれる現象である」と定義しています。

私たちの心に対して、暗示の力が働くものには、次のようなものがあります。

①言葉……会話、ラジオ、テレビ、芝居、映画、講演など
②文字……書籍、新聞、雑誌、広告など
③行動……態度、動作など
④現象……自然現象、社会現象、流行など

このほか、教育も、政治も、経済も、宗教も、およそ、世のありとあらゆる社会現象は

暗示によって生まれ、動かされていると言っても過言ではありません。つまり、**宇宙に存在するところの、私たちをとりまく一切のものは、じつは暗示の素材なのです。**ただ、私たちは普段それらを暗示だと気づいていないだけなのです。これが暗示の持つ大きな特徴です。

暗示というものは、私たちの心に無条件に、スッと入り込んで同化する力を持っています。そもそも人間は暗示感受習性というものを持っていて、とくに幼児期から少年少女期、青年期へと成長する過程において、暗示は大きな役割を果たします。

この暗示感受習性があるために、心の弱い人は消極的な暗示には親しみを感じ、すぐに感化され、受け入れてしまいます。病気の人に「病を気にしないように。気にしないほうが早くよくなるよ」と言っても、受けつけません。その一方で、「あの人は自分と同じ病気だったが、余病が出て死んでしまった。死ぬ時の状況はこうだった」といった話には耳を傾け、感化されます。そして、「自分もそうなったらどうしよう」と悲観するようになるのです。これは暗示感受習性をマイナスの方向に使用しているためです。

暗示感受習性が人間に備わっているのは、人間が不幸になるためではありません。暗示感受習性は生きるうえで、人生を強く、明るく、豊かにするための素材を摂取するために活用されなければなりません。その結果、感応性能が積極化し、心は強く、明るく、積極的にできるのです。

また、受け取る側の私たちの意識の状態によっても、暗示の成立の仕方は異なります。人間の意識の状態で暗示は次の三つに分けることができます。

(1) 覚醒《かくせい》時暗示

目が覚めて活動している時には、意識状態は活発です。そのような時に、他から暗示をかけても、注意は他所に向けられているので、なかなか暗示に応じることはありません。覚醒時は実在意識が表面で活動しているので、暗示をかけても実在意識が反発します。拒否した場合には暗示は成立しにくいのです。

ただし覚醒時でも、その人が暗示に注目している時には、暗示は入りやすくなります。テレビのコマーシャルなどは、その代表的なものです。人々の注意を惹きつけておいて、暗示をかけ、印象づけようとしているのです。

(2) 睡眠時暗示

睡眠状態の時に与えられる暗示です。睡眠中は実在意識が休んでいるので、反発もしなければ拒否もしません。潜在意識へそのままストレートに印象づけられるので、暗示の効果はもっとも大きくなります。ただし、自分自身は眠っているため、自己暗示をかけることはできません。睡眠中に録音テープなどで暗示をかける「睡眠学習」などは効果が大きいとされています。

（3）催眠時暗示

醒めてはいないが眠ってもいない、半意識の状態を**催眠状態**と言います。催眠法は、主として言葉を使い、相手を催眠状態に導き、暗示をかける方法です。

じつは私たちは、一日のうちで自然に催眠状態になる時が二度あります。一つは、夜寝る前で、もう一つは朝、目が覚めた時です。

これから紹介していく観念要素更改法には、この寝る時と目覚めの時に、自分自身で積極暗示をかける**自己暗示法**と、周囲から積極的暗示を取り入れようとする**他面暗示法**の二つの方法があります。

さらに、自己暗示法は、**連想暗示法**、**命令暗示法**、**断定暗示法**の三種類で構成されています。

また、観念要素更改法には付帯事項として、**日常の言行の積極化**、**感謝の生活と三勿**《さんこつ》、**三行**《さんぎょう》**の実行**があります。

それでは、一つひとつ、これらの方法について見ていきましょう。

4 続ければ必ず効果が出る「連想暗示法」

私たちの心の中には、過去のいろいろな体験が蓄えられています。たとえば、何か一つのことを思うと、それに関連した事柄が次々と思い出されます。これを**連想**と言います。この連想という心の働きを上手に活用して、人々の心を強く、明るく、豊かなものにしようとする方法が**連想暗示法**です。

もっとも効果的な暗示は「就寝前」に与えられた暗示です。

寝がけの意識状態の特徴には次の三つがあります。

①眠ろうとするので、大脳は徐々に活動を停止し、静止作用が働く
②暗示を拒否することなく、自分の考えることを無条件に受け入れる
③与えられた暗示は効果的に潜在意識に印象づけることができる

だから、寝際の気持ちを積極的にすれば、効果的に観念要素を積極化することができるというわけです。具体的には、楽しいこと、嬉しいこと、明るく、尊く、強く、正しく、清らかなことを思いながら寝るのです。

寝際の気持ちは一晩中、私たちの潜在意識を左右します。たとえば、寝際に、怖いテレビを見ると怖い夢を見ることがあります。私も、ある夜中に自分が煙に巻かれ、逃げまど

って苦しむ夢を見ました。その理由はすぐにわかりました。私の専門はリスクマネジメントで、そのころちょうどリスクマネジメントに関する本を執筆しており、たまたま、その夜は「煙のリスク」について書いているところでした。「日ごろから非常口を確認しておかなければ、いざ火事になった時、煙に巻かれて逃げ場を失うことになる」と書きながら寝てしまったためだったのです。

消極的な考えを打ち消そうと努力するよりも、楽しいことをたくさん考えたほうが容易で効果的です。心の中では、同時に二つの相反する観念が成立しないからです。

病のある人は、それがぐんぐん良くなって元気に働いている姿を想像すると、早く元気になります。同様に、仕事で困難に直面して悩んでいる人は、それが解決して好転した状態を想像するとよいでしょう。にこやかに、ほほえみつつ眠ると、寝顔は美しくなります。

「連想暗示法は、暗示感受習性が特別な時、すなわち就寝前に行うのがよい」と、中村天風は次のように説明しています。

「暗示感受習性の特別な時とは、人間が眠りにつく前に精神生命に発生する現象です。これから熟睡しようというトランスの状態に入る直前には、実在意識が思ったり考えたりしたことが、力ある同化力を働かせて、無条件に潜在意識の中に入り込みます。人間が眠りにつくときは、精神生命に収束を与え、無我の境へと人々の心を誘い入れるための準備を

整えようという、造物主の思し召しの時なのです。この時、実在意識が考えたことは無条件に潜在意識に入り込んでいきます。眠ることは人間の精神状態を無我の境へ導くための造物主の意図であります」

昔のお年寄りは、寝際に子どもたちに「桃太郎」や「カチカチ山」といった勇敢なお伽話を聞かせたものです。フランスでは、学校で一番人気のある先生に依頼して、力強いストーリーを録音してもらい、それを夜寝る前に、子どもたちに聞かせる習慣があったそうです。

人間は睡眠に入る前に、精神を複雑から単一へと収束し、意識は無我の境へと導かれます。その時に実在意識にあるものを無条件に潜在意識の倉庫へ導き入れるのです。これは睡眠の直前に人間の精神生命に起こる自然現象です。

昼間、どんなに腹が立ち、悔やむことがあっても、夜寝る時に、いったん枕に頭をつけたら、それらをきれいさっぱりと忘れ去り、何も考えないことです。というのも、夜寝ている時は、自分の生命を活性化する造物主の大きな力を頂戴する時だからなのです。

哲学者のカントは自分の寝室に「ここでは考えごと無用」と書いた紙を貼っていたと言います。寝床の中では考えごとはしないほうがよいのです。

とくに、怒り、怖れ、悲しみといった消極的なことを考えてはいけません。寝ている時は身体が休む状態になり、身体を倒した時は昼間とは違った状態になっています。身体から力を抜き、心も十分にゆるめることが必要です。

消極的なことを考えてはいけません。寝際になると、どうしても悲しいこと、苦しいことを考えずにはいられない人があります。しかし、そういう人も嬉しいこと、楽しいことを考えている時には、悲しいこと、苦しいことを忘れているはずです。

連想暗示法というのは、この原理を応用するわけです。

よく寝て心を休ませると、以前よりもずっと良い考えが浮かんできます。寝がけには、思えば思うほど楽しく、考えれば考えるほど嬉しいことを心に思い描いてみましょう。

「何でも良いから嬉しいこと、楽しいことを考えなさい。夜の寝際は哲学的に言うと、生ける生命をそのまま偉大な造物主のお力にお預けする時なのです。夜の寝際には、もっときれいな気持ちになりなさい。磨きたてた真珠を、薄絹のベールに包んだようなきれいな気持ちになりなさい」

と中村天風は諭しています。

5　「命令暗示法」「断定暗示法」で願いを叶える

私たちの精神生命が持つ暗示感受習性が特別旺盛な時に、私たちの実在意識を積極的にすれば、潜在意識は積極的になります。そのような時は、実在意識が感じているとおりの積極性が無条件に潜在意識の中に入り込むからです。このような暗示の働きを応用して観念要素の更改をはかろうとするのが**命令暗示法**です。

たとえば、筆を洗ったあと、黒く汚れた水の入ったコップを水道の蛇口の下に置き、水を一滴ずつポトポトと落とし続けると、一晩の間にコップの中の水は白くきれいな水に変わっています。これと同じように、毎晩、観念要素の更改を行っていると、次第に潜在意識が積極化されていきます。潜在意識に同化し得るほどの力強い積極的な観念が送り込まれると、その積極観念は消極観念を片っ端から追い出してしまうのです。

(1)　命令暗示法

命令暗示法は次のように行います。

寝際の時に鏡に自分の顔を映し、眉間のあたりをじっと見つめて、真剣な気持ちで一声、**「お前は信念強くなる」**と言って暗示を与えます。毎晩それを実行して、半年、一年の間、続けていると、自分の信念が強くなってきたことがわかるようになります。

また自分の希望すること、願いごとを暗示として与えると、それが成就するようになります。「踊りが上達する」「字がうまく書けるようになる」「人前で話ができるようになる」「気にしなくなる」「不精《ぶしょう》でなくなる」など、どんなことでも暗示どおりに現実化していくはずです。

命令暗示法の要領は次のとおりです。

①鏡に自分の顔を映す
②眉間に注目する（顔全体が見えて集中しやすい）
③二人称で（「お前は」「君は」「あなたは」）
④念願を（希望することを）
⑤ただ一つ（集中的に）
⑥命令する（暗示の徹底のため）
⑦お祈りではない（「お願い」ではない）
⑧小声で（二重暗示になる）
⑨真剣に（強度）
⑩一晩に一回だけ
⑪継続すること（実現するまで）

寝がけに与えた暗示は一晩中、潜在意識の中で活動し続けます。

（2）断定暗示法

右に述べた命令暗示法はそれだけでも大きな効果がありますが、それに加えて**断定暗示法**を行うと、その効果はいっそう増大します。

この方法には、鏡は使いません。翌朝目覚めた時に、昨晩、命令暗示法で与えた暗示の言葉を、再び繰り返すだけです。これは、その暗示を断定し、暗示効果を確認するために行います。前の晩に、「お前は信念強くなる」と暗示したら、翌朝は**「私は信念強くなったぞ！」**と力強く、声に出して言います。同じ要領で「お前は物事を気にしなくなる」と、前夜に暗示をかけたのであれば「私は物事を気にしなくなった！」と断定します。

この言葉は一回だけでなく、一日の中で何回も繰り返します。もちろん、現状とは違っていてもかまいません。現在の状態をよりよい方向へ転じるために行うためのものなのですから。

断定暗示法の要領は次のとおりです。

①朝、目覚めてすぐ

②鏡を使わずに

③一人称で（「今日は私は」）
④昨晩の暗示と同じ暗示を
⑤断定する（それが「成就した」という観念で断定する）
⑥現状に関係なく
⑦昼間、何回も繰り返し断定する（何度も行って徹底する）

以上のように、連想暗示法、命令暗示法、断定暗示法は、睡眠をはさんで、一連の暗示を実在意識から潜在意識へ、潜在意識から実在意識へと往復させ、心の中に強く、明るく、豊かな観念要素を植えつける方法です。

これらの自己暗示法を毎夜行っていると、私たちの希望はどんどん叶《かな》えられるようになっていくのです。

6 周囲から吸収する「他面暗示法」

　ここまで見てきたとおり、自己暗示法は、強く、明るい、積極的な内容を自分で自分に暗示づける方法です。これに対し、**他面暗示法**は、周囲の環境から積極的暗示を取り込み、良い影響や感化を与えようとする方法です。

　私たちの周囲をとりまく、ありとあらゆる事象は、暗示となって心の中へ入ってきます。しかし、手放しで歓迎できるような暗示は多くはありません。テレビやラジオのコマーシャルは、飲もう、食べよう、遊ぼう、見よう、行こうと、人の欲望ばかりを刺激し、誘惑し、そそのかすような良くない暗示がほとんどです。

　世間には、人間を弱くし、暗くするような素材となる消極的暗示のほうが、人々を明るく勇気づける暗示よりも多いのです。その中から、自分を強く、明るく、成長させる力を持つ、積極的暗示を選んで取り入れる必要があります。

　日常、私たちの目や耳にふれる情報の洪水の中から、進んで積極的な暗示を含むものを取り込み、消極的な暗示となる怖れのあるものは断じて退けなければなりません。そのためには、いつも、積極的な暗示を与えてくれるようなものを選ぶように心がけましょう。

（1）テレビやラジオ

視聴する番組を選ぶ場合の基準を、その番組が積極的暗示を与えるものか、消極的暗示を与えるものか、という点に置くようにしましょう。ただ、面白そうだからと思って選んで視聴しても、その内容が、後で自分の心を暗くするようなものである場合には、むしろ見ない、聞かないほうがよかったということになりかねません。

（2）書籍、映画、演劇など

（1）と同様に、選択の基準を、積極的な暗示を与えるものかどうかに置くようにしましょう。面白そうだからとか、人にすすめられたからといって無批判に見たり、読んだりするのではなく、その内容が積極的か消極的かという点に選択基準を置きましょう。あくまでも私たちの心を励まし、勇気づけるものを選択しましょう。常に積極的な内容のものを見聞きするように習慣づけると、消極的な本や映画、演劇などは次第に目に留まらなくなっていくものです。

（3）人づき合い

私たちは日ごろ、大勢の人々と接触し、互いに影響し合いながら生活しています。その中で、とくに、心の態度が積極的な人に接するように努めましょう。自分よりも積極的な人と接すると、自分もまた積極的になります。類は類をもって集まると言いますが、消極的な人は消極的な人同士集まって、消極的な話題を話し合っているものです。

自分の心が強く明るくなれば、たとえ神経質な人と一緒でも、巻き込まれるようなことがなくなるばかりか、むしろ相手に力強い感化を与えることができるようになります。人間の本来の心は、清く、尊く、強く、正しいものです。積極的な人物から、良い感化を受けることは、とても大切なことです。

(4) 積極的な集団との交流

私は一年のうち、夏冬二ヵ月ずつ、計四ヵ月程度をハワイ島のコナで過ごすことにしています。地元の人々は、毎週、日曜日には教会へ出かけます。初めは教会と言うと、キリスト教会オンリーなのかと思っていましたが、必ずしもそうではありません。たとえばニュー・ソート(新思想)教会というところでは、キリスト教以外にヨガやヒンズー教、仏教など、あらゆる宗教や宗派の教えが交互に説かれています。そこに集まる人々は宗教や宗派を超越し、心を消極心や否定心から解放し、積極心を養うために日曜ごとに集まっているように見受けられます。

「積極心を持たねばならない」と言っても、自分一人で修行しているのでは、なかなか思うようにはいきません。とくに初めのうちは一進一退です。世間には、人間を弱くし、歪める素材となる消極的暗示が充満していて、積極的になろうと努力しても、ついつい消極的な暗示に侵されがちです。自分があやかりたいと思うほどの積極的な人物はなかなか見当たりません。だからこそ、積極的人物の集まる集団を求める必要があるのです。積極的な人々から受ける同化・感化の力はとても大きいものです。

天風会では、毎週の日曜行修会のほかに、毎月、心身統一法の基本的理解と実践を教える場である講習会が開かれます。さらに夏には、心身統一法を理論的に、また実践的に徹底して体得するために、夏期修練会が数日間にわたって開催されます。秋には人生を活きるための信念を確立するために、深遠な哲学的理論を学ぶ真理瞑想補正行修会が開かれます。

ここに集まってくる人々は、みな積極的人間を目指しているので、雰囲気が明るく、朗らかで、活き活きとしています。このような集団の中に身を置くと、積極的に活きるパターンが自然と身についてきます。

潜在意識の理論と暗示の法則に基礎を置き、睡眠をはさんで行われる三つの自己暗示法。そして、視聴覚を通じて積極的素材を心に取り込み、積極的な人物や集団から良い感化を進んで受けようとする他面暗示法。

これらの暗示法を熱心に実行することで、潜在意識内の消極的要素は、次第に積極的要素に置き換えられていくでしょう。続けているうちに、観念要素の更改が成就し、思考が積極化し、心の積極化が実現するのです。

7 明朗快活な言葉と行動には、明朗快活な人生が訪れる

私たちは目が覚めている間は、絶えず何かを思い、何かを考えています。その思いや考えを外部へ表現する時には言葉を使います。言葉というものは、自分の心の状態であり、意思の表現です。思考（観念）の弱い人は、その口にする言葉も弱く暗いものです。逆に思考の明るい人はその発する言葉も明るく楽しいのです。

そして、発した言葉が積極的か消極的かで、その人の行動もまた、積極的なものになったり、消極的になったりします。消極的な人の言葉や行動は、人生を病、煩悩、不幸へと導き、積極的な人の言葉や行動は、その人を健康、繁栄、幸福へと導きます。

言葉や行動は人間形成や人生を左右する力を持っているのです。

「はじめに言葉ありき。言葉は神とともにあり、言葉は神なりき」と聖書（ヨハネによる福音書第1章）には書かれています。島崎藤村は詩集の序文に「生命は力なり。力は声なり。声は言葉なり。新しき言葉はすなわち新しき生涯なり」と記しています。

積極的な精神を持って、積極的な人生を構築しようとする人は、まず、積極的な言葉を使うように心がける必要があるのです。

いやしくも自己の改造に真剣な気分で取り組もうとする人は、たとえ冗談でも消極的な

言葉を口にしてはなりません。いつも潑剌颯爽《はつらつ》たる言葉を使うように心がけましょう。たとえば、「助けてくれ」「参った」「悲しい」「やりきれない」などという言葉は使ってはいけません。まずは消極心や否定心とは断固、縁を切ることです。

「痛い」「苦しい」などという言葉も禁句です。言わなければ耐えられないというのはウソで、こういう言葉を口にすればするほど痛みは増していきます。「痛い」のは「痛い」でよいのです。ただ、「痛くてしようがない」「ああ、死にそうだ」「ああ、これでもうだめだ」などと言うのがいけないのです。仏教の訓《おしえ》にもあるように、「生まれるも死ぬるも、あっちまかせなり」という心がけで対応したいものです。

「暑い」「寒い」も同様で、その後にいろいろつけ加えるのがいけないのです。「暑いなあ、やりきれないな」これがよくありません。弱音をはいて気持ちが良いでしょうか？　そのような場合には「暑いなあ、ますます元気が出るな」と言うべきなのです。

真理に生きようとする者は勇気凛々《ゆうきりんりん》として生きなければなりません。そうなれるように勇気を持って習慣づけることが大切です。

「勇気は常に勝利をもたらし、恐怖は常に敗北を招く。たとえ骨がジャリのように砕けようとも、肉がこなごなに飛び散ろうとも、『参った』『へこたれた』とは言ってはならない。それを言うのは、真理を知っている者の恥である」と、中村天風は諭しました。

今までの長い習慣で、消極的な言葉をよく使う人は少しずつ改めていきましょう。もし、うっかりと消極的な言葉を口にしてしまったら、すぐに打ち消します。「困ったな」と思わず言ってしまった場合には、「……と昔は言ったが、何のこのくらいのことで困るものか」といった具合に否定しておきます。

最初のうちは少し抵抗があるかもしれません。何か虚勢をはって、自分にウソをついているような気がするかもしれません。しかしそれは、自分の心の状態が消極的だからです。しばらく気をつけてこの方法を実践していると、不思議にこのような積極的な言葉が、何の抵抗もなく口から出るようになってきます。そうなった時、それはあなたが心の積極化に成功したという証拠なのです。

どんな難局に出くわしても、悲境に陥っても、決して音をあげない、また、弱音をはかないクセをつけることが、言葉のほうから自分の思考を積極的に変えていく方法です。

思考と言葉の積極化ができるようになったら、次は行動の積極化を目指しましょう。

たとえば、消極的な人は朝の目覚めがよくありません。目があいても、布団の中でぐずぐずしていて、なかなか次の行動に移れません。「何でまた目覚めたのだろう。さっき寝たと思ったのに、もう目があいてしまった」と起きたことを恨んでいる人さえいます。

「そんな人間には、早く永遠の眠りがやってくるだろうよ。三日も目があかなければ、焼き場へ持っていかれてしまうよ」と中村天風はよく話したものです。

積極人間の朝は、生きていることの喜びから始まります。ニッコリ笑って、「そうだ、私は信念が強くなった」という断定の言葉から始めます。感謝を込めて寝具を正し、朝礼、呼吸操練、統一体操（いずれも天風会で奨励している活動です。別の機会に説明したいと思います）を行ったあと、颯爽と仕事に出かけます。職場でも、常に積極的な言葉と行動で前向きに仕事をこなし、周囲の人と調和し、明るい雰囲気をかもしだすことに努めます。

今、生きていることをありがたいと心から感謝し、常に颯爽として、自分の人生の主人公として生きましょう。そして、心の底から笑うクセをつけましょう。

「だれもいないところで、一人で鏡を見て笑う練習をしなさい。私は、朝起きたらニッコリ笑って、『ありがとうございます』と必ず言います。天に向かって感謝するのです。昨夜、夜中に死んでしまっても仕方がないのに、目が覚めたのです。だから、ニッコリと笑います。『今日、一日この笑顔をくずすまい』と。そして夜寝る時も、『ああ、生きていてよかった。ありがとうございます』とお礼を申し上げるのです」

かつて中村天風は、私たちにそのように語りかけました。

喜びや楽しみは大げさに表現しましょう。逆に怒り、怖れ、悲しみは絶対に表現してはいけません。積極的な言葉と行動は、人生を楽しく豊かにし、仕事を順調に運び、幸福な人生へと導いてくれるのです。

8 「不平不満」は、なぜ人生にマイナスなのか

明るく、朗らかに、積極的に生きようとしていても、時折、心を乱すものに「不平不満」があります。しかし、不平不満の意思表示は決してしてはなりません。「上見ればきりがないから、下見て暮らせ」という言葉があります。不平不満を感じた時には、自分よりも悪い運命や境遇のもとに暮らしている人々のことを考えなければなりません。

このようなことを口にすると、「そんな気持ちで生きていたら、人間の向上心が失われる。人類の発展が阻害されてしまう」という趣旨のことを言って反対する人がいます。しかし、それは大変な間違いです。不平不満と進歩・発展の両者には、相関関係など少しもなく、むしろ相反する存在だからです。

個人の欲望も社会の要望も満たされない状態にあるのは、世の常です。しかし、客観的に満たされていない状態を、不平不満に思うのはその人の主観です。不平不満は消極観念であり、人類の進歩、向上の原動力ではありません。

不平不満から創り出されるものは何もないのです。

たとえば、同じ年に入社した同僚が、抜擢されて自分よりも一足先に昇進したとします。このような時に、まっさきに「不公平だ」と不平不満を感じる人の将来には希望が持

てません。「どうしてヤツは自分より先に課長に昇進したんだろう?」「アイツは口が上手で、上役への付け届けもソツがなかったのだろうか」「仕事の上では、自分のほうが努力もし、成果も上げていると思っていたのだが」「どう考えても今回の人事は不公平だ」「バカバカしくて、やってられない」「いっそ、こんな会社は見切りをつけて辞めてしまおうか」「とはいっても他に良い勤め先があるわけではないし……」などと、消極的な観念要素の持ち主は不平不満が高じて、自暴自棄に陥り、結局、不幸な人生を選択する可能性が増えます。

逆に、積極的な思考をする人は、「アイツが先に昇進したのは、どこかに理由があるはず」「ヤツの仕事の仕方と自分と比べてみよう」「そうだ、この点とあの点を改良し、こういう工夫をしよう」「次のような計画を立てて実行しよう」「そうすれば、次の機会には自分にも好機が訪れるに違いない」といった具合に、どんな時でも前向きに努力を重ねることに力を注ぎます。そして、結果として、幸福な自分の人生を切り拓いていくのです。

たしかに私たちの現状は、すべてが満たされているわけではありません。しかし、満足を得ようとして前向きに努力するところに進歩、発展、向上があるのです。

江戸時代の儒者、熊沢蕃山《ばんざん》という人の歌に「憂きことのなおこの上に積もれかし、限りある身の力ためさん」とあります。苦難を通じて人間は鍛えられると信じた蕃山は、不平不満を感謝に転換し、運命を変えていったのです。若いうちはとくに、「苦労というものは、買ってでもせよ！」という心がけが何よりも大切です。

次に、「感謝」について述べたいと思います。

不平不満の反対は感謝です。感謝の心は人々を幸福へと導きます。「あの人には大変お世話になったので、感謝のしるしにお歳暮を贈りましょう」と、日本人は年末に品物を贈ります。ただし、このように物をもらってする感謝やお世話になってする感謝はいずれも、相対的な感謝です。これとは別に、もう一つ、感謝には、絶対的感謝というものがあります。絶対的感謝とは、自然、生命、人間、人生などについて深く考え、理解し自覚すると、おのずから湧いてくる感謝の念で、次のようなものがあります。

①人として生まれたことへの感謝
②今、生きていることへの感謝
③正機を得て、正師にめぐりあい、正法を聞き、正信を得て惑わないことへの感謝
④自然、人間、社会、すべてに対する感謝

いつも頭の中に絶対的感謝の気持ちを持って生きることが大切です。そうすると不平不満というものが次第になくなっていきます。常に、できるかぎり、にこやかな人生を送り、何事に対しても感謝を優先させ喜びの人生を生きましょう。必ず人生や世の中を見る目が変わっていきます。ほんとうに明るくて、楽しい、嬉しい、光明の輝く世の中だというように。まさに**「人生は心一つの置きどころ」**なのです。

9　怒らず・怖れず・悲しまずの「三勿《さんこつ》」の精神

中村天風は「怒る勿《なか》れ」「怖れる勿れ」「悲しむ勿れ」と戒め、**三勿**としてこれらの消極感情を統御しなければならない、と説きました。心に消極的感情が発生すると、その感情はすぐに生命維持に必要な活力をおびただしく減退させます。世間では「人間は感情の動物である」と言って、消極的な感情を肯定する考え方もあるようですが、私どもの立場から申し上げるならば、消極感情を発することからは、何も得ることはできません。

中村天風は**「人間は感情を統御し得る霊智的生物である」**と断言しています。

消極感情には怒り、怖れ、悲しみ、心配、苦労、煩悶、憎悪、怨恨、嫉妬、復讐、焦慮、貪欲、失望、落胆などがあります。ここでは、まずこれらの中でもっとも基本的な「怒り」「怖れ」「悲しみ」の害についてそれぞれ述べていきましょう。

(1) 怒り

怒りは生理的・心理的・社会的に満足が得られない時、または満足が中断された時などに、相手に向かって発せられる攻撃的感情です。怒りというものは、欲求不満が高じてくると起こるものです。

人は怒ると交感神経系が興奮します。脈拍が増加し、胸がドキドキします。皮膚血管が収縮し、顔が真っ赤になります。生理的には血圧が上昇し、時には脳出血あるいは狭心症を引き起こすこともあります。また、消化液の分泌や胃腸運動が抑制されてしまいます。怒りながらご飯を食べてもちっとも美味しくないのはこのためです。

原始時代、人間は他の動物の攻撃から自分を守るために、怒りの感情を本能的に必要としました。つまり、怒りという感情は、人間が進化する途中で獲得した感情であり、進化した現在の人間にとっては、さほど必要のない感情なのです。これは不要残留心といって、整理しなければならないものです。

よく混同する人がいますが、「怒り」と「叱り」は違います。怒りは感情的で時には憎しみの気持ちをもって発せられます。怒りは非論理的で、破壊的であり、自己本意で他者への愛情はありません。これに対し、本当の意味での叱りは、冷静で、建設的、理性的、論理的です。相手本位で、そこには人を育て教えようという愛情が存在します。私たちは叱ることはあっても、怒ることのないように気をつけなければなりません。

(2) 怖れ

生命がおびやかされ、圧倒されそうな時、もしくは快適な生活の状態や欲求の中断が予想される時などに起こる感情が怖れです。

①怖れの弊害

人間は恐怖を感じると一瞬顔が青ざめます。急激に血管が収縮し、血液循環が悪化し、全身に冷水を浴びたように感じます。これらは交感神経系の興奮によるものです。交感神経の興奮によって引き起こされた各器官の緊急的変化を正常に戻し、失われたエネルギーを補給するのが副交感神経系の本来の働きです。ところが恐怖の感情は、この平和な副交感神経系も興奮させます。具体的には心臓、気管、胃、腸などの内臓に分布する迷走神経が緊張し、消化性潰瘍（胃・腸・十二指腸）、あるいは下痢、気管支喘息を起こしやすくなります。

恐怖によって運動神経の活力も急激に失われます。肉体エネルギーの発動が阻止され、凍結されてしまいます。腰をぬかしたり、足が動かなくなったり、血液が凍ったような感じになることもあります。恐怖時には理性的思考が整然と働かず、混乱します。知的エネルギーが凍結し、頭が働かなくなります。考えが止まり、放心する人やショック死する人すらあるのです。

②怖れの意味

生命の存在が失われそうな懸念や危険がある時、それをあらかじめ予感する心が怖れの感情です。怖れという予感により、生命の危険を回避することができます。怖れは生命の安全を確保する上では大切な感情と言えるでしょう。

また、生命は欲求が満足されている時は心地よさを感じますが、その状態が中断されそうな時には怖れの心が発生します。そこで中断されないように創意工夫がなされるのです。これもまた生命維持に対する怖れの効用です。

③怖れの克服法

生命にとって必要な感情でも、度が過ぎれば生命に障害が出てきます。心配性、苦労性などと言われる人が持つ感情です。彼らには些細なことでも、むやみに怖れる習慣がついています。

心が消極的になると、見るもの、聞くものがすべて心配の種になります。これは潜在意識の中に、消極的、恐怖的な観念要素を蓄積しているからです。これには、観念要素更改法などを実行することで、潜在意識の内容を積極的にしていく必要があります。

人々は、多くの欲望を持ちすぎたり、財産や資産を持ちすぎたりすると、恐怖することが多くなります。したがって欲望や事物にこだわりすぎないようにしなければなりません。名誉・富・地位・財産への執着心を捨て無畏《むい》の生活を心がけましょう。ひとたび永遠の生命、霊魂の不滅を自覚すれば怖れるものは何もなくなります。

この世のことは、すべて「神よりの借りもの」なのです。

(3) 悲しみ

人々は生きていく上でさまざまな欲求を持ち、その欲求が満たされている間は幸せを感じます。その満たされていた欲求が突然失われることで生じる感情が悲しみです。

人間には創造性があります。人は理想を描き、希望を持ちます。そして、計画、創意、工夫を凝らし、努力を続けます。それが成就・達成されれば大きな喜びを感じ、反対に、挫折した時は悲しみに襲われます。

①悲しみの生理

人は悲しむと陰鬱《いんうつ》な顔になり、ため息をつき、食欲がなくなります。悲しむと運動神経や自律神経の働きが鈍くなります。肉体的エネルギーが低下し、落ち込みます。悲しみは命のエネルギーの絶対量を減らし、人間を無力化します。さらに精神的エネルギーも低下し、人を無感動、無思考、無気力に陥れます。その結果、虚脱感、無理性、昏迷などを招きます。

②悲しい時の心得

悲しみにひたすら溺れていてはいけません。悲しんでいても事態は好転しないのです。悲しみを切り上げ、できるだけ早く悲しい状態を終わらせましょう。

自己の悲しみを売り物にしてはいけません。周囲から同情されたいという気持ちは理解できますが、自分のほうから同情を買うような言動は慎みましょう。それは悲しみという名の公害をまき散らしているようなものです。

他人の悲しみにも巻き込まれないように気をつけましょう。その人と一緒になって悲しんでも、何のプラスもないのですから。

10 生を豊かに彩る「三行《さんぎょう》」のすすめ

「怒らず・怖れず・悲しまず」を三勿として戒めた中村天風は、一方で、人間として進んで実行すべきこととして「正直」「親切」「愉快」の**三行**（三つの行うべきこと）を奨励しています。

運命をより良いものにしていくためには、感謝と歓喜の感情を多く持つことです。そして感謝本位の生活を現実のものとするためには、常に正直と親切をモットーとし、心に愉快な気持ちを持つように努めなければなりません。これを三行の実践と言います。

（1）正直

振り込め詐欺や、ネズミ講といった事件が次々と起こるように、現代社会においても他人を騙《だま》す犯罪行為は後を絶たず、「人に騙されないように気をつける」ことが生活の知恵となっています。しかし、人を騙す、あるいは人に騙されないようにする前に、人間として守らなければならないことがあります。それは、**常に霊性心で生きる**ということです。

人間は「物質心」「植物心」「本能心」「理性心」のほかに「霊性心」という心を持っ

ています。霊性心とは人間の持つ心の中で最高にすぐれたものですが、また、霊性心は人間が自ら開発しなければならない心でもあります。

中村天風は霊性心について著書『研心抄』において、次のように説明しています。

「この心は吾人人類の精神のみに与えられた、極めて優秀なもので、霊感とか霊智といった特殊のものは、いずれもこの心から発露するのです。……そして、よくこの心を発動し得ない人は、どんなに学識があり、また、経験があっても直ちに真人ということはできないのです」と。

さらに、どうすれば霊性心を発動することができるかということについては、『安定打坐考抄』という書物に詳しく述べられています。興味のある方は、この書物を参照しながら、安定打坐法を実践されることをおすすめします。

これらの方法を正しく実践していくと、本能、感情、理性のもつれやこだわりが次第に溶解し、心は明るくさわやかに積極化されます。すると、自然に心の中に霊性が発現します。

この霊性より発する心が「本心」「良心」です。本心が道徳的心情として発すると良心となります。そして、本心、良心より発する行動が「正直」と「親切」なのです。

人類が社会生活の中で、互いが幸福になるために培ってきた高度の心情、行動の一つが正直という心です。正直は決して古くさい行動ではありません。それどころか、もっとも発達進歩した大脳の前頭葉より発する心情、行動であり、もっとも人間らしい行動です。したがって、正直な行動をした時の喜びは本心からの喜びであると言えます。

正直という霊性から発する行動が、人類の進化を押し進めてきたのであり、私たちは人類の未来に大きな期待を寄せ、身近なことから正直の実践を行うことに努力すべきなのです。

(2) 親切

前述のとおり、霊性行動には正直とともに親切があります。親切は良いことだと頭ではわかっていながらも、実行をためらう人が少なくありません。とくに日本人には、恥ずかしがり屋が比較的多いせいか、ちょっとした親切をするための勇気を出せない人が見られます。

人間はそれぞれに人生を生きています。楽しいこともあれば、辛くて悲しい思いをすることもあります。この世に生を受け、懸命に生きようとする人の姿に、私たちはしみじみと共感を覚えます。そして、そんな共感や思いやりから、その人のために、役立つことをしてあげたいという感情が芽生えます。そこから親切という行動が生まれてくるのです。

「この人に、今ここで親切にしておけば、のちのち、自分に有利になるだろう」などと計算して行う親切は、決して本物の親切ではありません。また、周囲の状況から判断して「親切にしなければならないのかしら」などと思案した挙げ句に行う親切は、理性のはからいでの親切だから、厳密に言えば、これもまた本当の親切ではないのです。

真の親切とは、報償や利得を超越したものであるはずです。真の親切は、本能心や理性心を超えた、霊性心から発動するものなのです。霊性の働きは、思考ではなく、ひらめきです。まごころから、ためらうことなく、さらりとやってのけた親切は、後味が実にさわやかで、自分自身もまた何とも言えない喜びを感じるものです。

心を積極化し、精神の安定化をうながす心身統一法は、勇気の煥発《かんぱつ》を促進します。単に個人の修行として行うばかりでなく、広く社会へつながるよう心がけましょう。

（3）愉快

私たちが生きていく人生には、困難もあれば悲しみもあります。その時、ただ嘆き、悲しみの中に溺れていてはいけません。これらの悲しさや辛さを乗り越えて、人生を明るく、豊かに、愉快に過ごさなければならないのです。そのためには、自ら進んで楽しさを求め、喜びを創り出していく必要があります。喜びが多くなれば、人間はそれだけ心から愉快になれます。

欲求や希望が達成され、満足した時に人間は喜びを感じます。人間が持つ欲求には、いろいろな種類のものがあります。本能的欲求、感覚的欲求、理性的欲求、霊性的欲求などがそれです。そして喜びもまた、これらの欲求に応じて分類することができます。

①本能的喜び

空腹を感じた時に、食べることができるのは喜びです。とくに、現代人には美味しいものを食べたいという強い欲求があります。これは個体維持本能が満たされる本能的な喜びです。

好きな人と結ばれ、性の満足が得られた時の喜びは格別です。種族維持の本能が満たされる喜びです。このほか人間には、地位や名誉や富に対する欲求があります。これらが満たされた時も本能的な喜びを感じます。

②感覚的喜び

人は五感の感覚をもって、外界の刺激を感じます。美しい景色を見ること、良い音楽を聴くこと、そして、肌ざわりの良い衣服を身にまとうこと――これらは五感で味わう喜びです。感覚が満足することによる喜びが感覚的喜びです。

③理性的喜び

今までわからずに迷っていたことが、とうとう理解できたような時に、私たちは強い喜びを感じます。人間には探究心や研究心があります。これを理性的な欲求と言い、これらが満足される時の喜びが理性的喜びです。

④霊性的喜び

すでに述べたとおり、人間の心の中で最高に進化した心を霊性心と言います。人が活きるための指針となるような良い話を聴きたい、人生の悟りを得られるような方法を知りたいといった欲望を霊性的な欲望と言います。これらが満たされた喜びは法悦《ほうえつ》と呼ばれ、人生における最高の喜びです。また、自己の言動が、人のために役立った時の喜びも霊性的喜びです。正直や親切を行った時の喜びも霊性的な喜びと言えるでしょう。

以上のように、喜びにはいろいろな種類があります。私たちは日常生活において、少しでも多く、喜びを感じる機会を持つことが大切です。中でも、最高の喜びである霊性的喜びを持つよう心がけることが肝要なのです。

第三章

実在意識への対策

ここまで繰り返し述べてきたように、現代社会に生きる人々の多くは、ともすれば実在意識を消極的に使用するクセがついています。私たちはこのような心の傾向を修正し、心を積極的に使用する習慣をつけることにより、心を強化することができます。

積極精神を養成するためには、心の奥底の潜在意識のみならず、心の前面で展開する実在意識への対策もまた有効です。

潜在意識と実在意識は、協力し合って私たちの心を動かしていく存在なのですから、前章で述べた潜在意識対策としての観念要素更改法とともに、実在意識への対策も真剣に実践することを心がけていきましょう。

1 「健康・繁栄・幸福の源」＝積極精神を育てよう！

およそ人生で何が大切かというと、**積極精神**ほど大切なものはありません。健康も長寿も運命も成功も、人生のすべてが、この積極精神によって決まると言ってもいいでしょう。心の態度が積極的だと、人間の生命の全体が積極的に運営されます。反対に、心が消極的だと生命のすべての力が消極的に萎縮《いしゅく》してしまいます。したがって、健康的という意味でも、また運命という面からも、人生を理想的で完全なものにするには、何をおいても、平素、人生を生きる際の心の態度を十分に積極化する必要があります。

一般に積極という言葉は「物事に対して、進んで働きかけること」という意味で、消極という言葉と対照的に使われています。中村天風が説く心身統一法においては、「明るく、朗らかに、活き活きとして、勇ましい心」という意味で**積極心**という言葉が用いられます。これは明朗、快活、潑剌、颯爽の心の状態であり、尊く、強く、正しく、清い心です。この「積極」こそが、天風哲学を貫く一大特徴です。

ところで、積極精神と聞くと、積極イコール強気という具合に解釈して、がむしゃらに強がったり、強情を張って自分の意向を押し通したりすることだと曲解する人も多いようです。こういう心も、もちろん積極精神の一部だと言えないことはないのですが、これはあくまでも消極に相対する積極であって、「相対的な積極」にすぎません。頑固、強情、がむしゃら、無鉄砲といった心は純粋な意味での積極心ではありません。

本当の積極心とは、消極に相対する積極ではなくして、「絶対的な積極」を指します。つまり、**心がその対象なり、相手なりに、決してとらわれることのない状態**が絶対的な積極心です。他人や何かの物事に執着することがない、心に雑念や妄念、あるいは感情的な怖れなどが一切ない状態です。また、決して張り合おうとか、対抗しようとか、打ち負かそうとか、そういったような気持ちでなく、もう一段高いところにある気持ち、境地が絶対的な積極です。終始、平静で安定し、いつも明朗、活き活きと勇ましい心のことで、これが本然の心と言われる心です。事あるも事なき時と同じ心境で、我執《がしゅう》がない、虚心平気の気持ちです。このことを指して、**「晴れてよし、曇りてもよし富士の山、もとの姿は変わらざりけり」**という心境だと中村天風はいつも口ぐせのように言っていました。

先に述べたように、人々が己の心に積極精神を持つと、健康、繁栄、幸福を創り出す原動力となります。反対に、心が消極的になると、それによって生活力が衰えてしまうために、人生に対し、どんなに〝光あらしめたい〟と願っても暗黒になってしまいます。病の時、あるいは運命の悪い時には、気がついてみると、心が消極的になっているものです。消極心を持ってはいけないということを知っていながら、心を闇にしてしまうのです。

人間の心が不完全なものや不健全なものに同調するのは、自然の摂理に反しています。

今、自分が心に抱いている消極的な思考は、本当の自分が考えているものではないと否定しましょう。ちなみに、このことをインドの哲学では「悪魔が尊い心の宮殿に踏み込んできたようなものだ」と表現します。

人間の生命の背後には純一無雑《じゅんいつむざつ》な一切のものを完全につくり上げようとする**宇宙霊**が存在することを確信することが、何より大切なのです。このように考えていれば、消極的な心が生じても、やがて積極的な考え方に戻すことができます。ちょうど、停電して電気が消えても、短い停電の場合には、やがて回復し、明かりが灯るのと同じことです。

この真理をいつも心の中に抱いていると、消極的な思考と長くつき合うことはなくなります。かりに、煩悶や怒りや恐怖や悲しみといったような消極的な感情が心の中に発生しても、「これは自分の本来の心ではない。自分の本来の心の宮殿にいるべき存在ではない」と思っていると、やがて消えてしまいます。

いくら修行を積んだところで、消極的思考を心にまったく発生させずにすますことはできません。消極的暗示が次から次へと潜在意識に入り込んでくるからです。だれでも時折、心の中に消極的観念が浮かびます。そういう心が発生するたびに、「自分の生命の背後に存在する、自分を完全ならしめようと守ってくれる力」を信じましょう。そして、その力の働きを妨げるような消極的な気持ちや心は持たないよう、強く思念するように努めましょう。これを何度も行っていると、人間の持つ習慣的適応能力が働き始めて、私たちの心を常に正当な状態に成長させてくれます。そうすると、たとえ消極心が発生しても瞬間的に消えてしまい、実在意識は常に積極的になります。その結果、自分自身を、強い世界の中で生きられるような頼もしい人間に変えてくれるのです。

積極精神を確立するには、日常生活において次の五つの方法を実行することが大事です。

①内省検討《ないせいけんとう》
②暗示の分析
③対人態度の積極化
④苦労厳禁
⑤正義の実行

この五つを毎日実行していると、やがて自分の実在意識に積極的な思考、言葉、行動の習慣がついてきます。それが、第二章で述べたプロセスを通じて実在意識から潜在意識へと書き込まれていくため、結果として心の働きが全面的に積極化されていきます。

この章では順を追って、これらの五つの方法について説明していくことにします。

2　「内省検討」で自己の心を常にチェック

内省検討とは、日常生活を送るうえで現在の自分の心は積極的か、消極的かということを、厳格に第三者の立場になって、常にチェック、検討していく作業です。

その結果、少しでも自分の心の中に消極的なものを感じた時には、断然、それを心の中から追い出してしまわなければなりません。自己の心の中にあるものは、心を明るく朗らかにする積極的な存在で満ち溢れるように心がけたいものです。その場合に、十分に気力を充実させ、消極的な気持ちを追い払う努力が必要になります。

これは自分の心の汚れを清く払拭する方法です。鏡に曇りがあれば、ものを完全に映すことができず、鏡の曇りをすべて拭い取らねばなりません。同様に、少しでも消極的なものが心の中にあれば、心の鏡を曇らせることになるため、これを拭き取らなければならないのです。だからこそ、自分が現在考えていることが、積極的か、消極的か、と第三者の立場で厳密に検討するという気持ちが必要になってきます。

その場合、自分に対して〝間違った同情〟をしてはいけません。

「こういう考え方は消極的かもしれないけれども、他人事ではなく、我が身にふりかかっている問題だ。積極的に考えろと言ったってそれは無理じゃないか」といった、自分への間違った同情を行っているかぎりは、自分の心の中から消極的なものを追い出すことは絶対にできません。中村天風も**「内省検討ということは須《すべか》らく、我執《がしゆう》を離れて行うべし。そうしないと往々《おうおう》独善に陥る」**と言っています。内省検討は私情を交えず厳格に行うべきなのです。

心の中にある消極的なものを追い出すことができなければ、自分の心を「磨ける鏡のように」きれいな状態にすることはできません。いつまでたっても、心の中に積極的なものは存在できず、心の態度を積極的に堅持するということもできないのです。

何はともあれ、自分が現在思っている、あるいは考えている事柄を、独断をはさまず、純粋に積極か消極かという観点から判断し、少しでも消極的だと思えば、颯爽たる勇気を持って、それを心の中から追い出してしまいましょう。

前述のように、潜在意識の中には、過去に不用意に取り込んだ消極的素材が多く蓄積されています。これがしばしば実在意識へと浮かび上がり、再生、創造され、感情や思考を消極的にするのです。このような心の状態をチェックする作業が内省検討です。

禅では、このことを弁別《べんべつ》と言い、「念々思量底を弁別せよ」と教えています。また、昔から「心こそ心惑わす心なれ、心に心、心許すな」という言葉もあります。これらも内省検討と同じ意味のことを言い表しています。

たいていの人は、自分の前に現れた物事や現象に対して、何の分別も熟慮《じゆくりよ》もせずに、すぐに取り組んでしまう傾向があります。その時その時の自分の心の状態をいちいち観察しようなどとは考えようともしません。また、「今の自分は怒っている」「怖れを感じている」、あるいは「悲しんでいる」ということを意識することはできても、それらの消極的な感情をそのままずっと長く持ち続けてしまう人もいます。

昔、京都の五条に泣き虫のお婆さんがいました。雨の日も、また晴れて天気の良い日にも泣いてばかりです。「お婆さん、どうして、あなたは雨の日にも、天気の日にも泣くのですか?」と尋ねたところ、「私には二人の息子がおります。一人は草履屋を、もう一人は傘屋をやっております。だから、雨の日には草履屋の息子のために、晴れた日には傘屋の息子のために、そして、曇った日には二人のために泣くのです」と答えました。そこで尋ねた人は「それは反対だよ。雨の日には傘屋の息子のために、晴れた日には草履屋の息子のために、曇った日は両人のために喜んでやればよい。泣くのはやめて喜ぶのです」と諭しました。それからお婆さんは泣かなくなった、というお話です。

アメリカのベストセラー作家デール・カーネギーの著書に『人を動かす』『道は開ける』などがあります。その教えのうち、もっとも重要なものの一つは、「自分に不足しているものを数えるな。恵まれているものを数えよ」というものです。ここでも消極的な考え方を改め、積極的に考えることの重要性が説かれています。

繰り返しになりますが、内省検討は、何事かを思ったり、考えたりする場合に、自分が思っていること、考えていることがはたして積極的か、それとも消極的かということを客観的に観察し、批評することです。常に自分の心の態度を、おごそかに監視するということであり、心の中で行われる思考の状態を、はたしてこれで良いかどうかと、入念に考査する必要があります。

ただし、この場合の「良いか」「悪いか」の決定は、その思考が論理的に正しいかどうかという「事実関係」ではありません。ある事柄に対する自分の心の態度が、積極的であればこれを是とし、消極的であればこれを非としなければなりません。

このように、内省検討では知覚、欲求、感情、思考など自己の精神内容が積極的か消極的かということをじっくりと観察し、検討することが大事なのです。

3　「暗示の分析」により消極的暗示を排し、積極的暗示を取り入れる

私たちは、外部から絶え間なく心の中に入ってくる暗示の影響を受けながら、日常生活を送っています。そして、それらの暗示には、私たちの心にプラスとなる暗示とマイナスとなる暗示の、二種類の暗示があるのもすでに述べたとおりです。

暗示の分析とは、自己の心の中に外部からやってくる暗示を、それが積極的なものか、あるいは消極的なものかを分析的に検討する行為です。そして、積極的なものは十分に自己の心に取り入れ、消極的なものは、断固それを心に受け入れないよう拒否しましょう。

暗示は心の食物です。暗示は人間の心の中へ入り込み、欲求や感情、思考、言葉、行動などの働きを左右します。このような素材となる暗示を分析し、私たちの心を強く豊かにするための素材だけを取り入れる方法が、「暗示の分析」なのです。

（1）暗示と人間形成

まずは、良い暗示を取り入れることが重要です。人生における人間形成に必要な暗示を取り込むのです。生まれたばかりの赤ちゃんは、たとえ話ができたとしても「ぼくは憂鬱《ゆううつ》」「悲しい」などとは決して言わないでしょう。赤ちゃんの脳細胞は善悪いずれで

もありません。一四〇億個の大脳新皮質にある脳の細胞は白紙の状態と言えるでしょう。

やがて、赤ちゃんは成長するにつれ、言葉、思考方法から、感情表現、行動にいたるまで、各人に変化が見られるようになります。最初はみんな白紙だった脳細胞に何が印刷されるかによって、人間の値打ちは決まります。そのぐらい、暗示は人間形成に大きな働きをするものなのです。

（2）外界よりくる暗示を分析せよ

暗示には積極暗示と消極暗示があります。消極暗示＝マイナス暗示は、命を萎縮させ、弱くさせます。心を憂鬱、悲観、落胆に追いやり、人生を退歩させ、傷つけ、破壊に導く暗示です。腐った食物が身体を害するのと同じで、消極暗示は心の害になります。

食品に対する分析は、だれもが日ごろから行っています。表面はどんなに美味しそうでも、中身が腐りかけていれば食べる人はいません。ところが、心の栄養である暗示に対しては、何の疑義も抱かず、不用意にマイナス暗示を取り込み、心を傷めてしまうことが多いのです。

私たちは進んでプラス暗示を取り入れるように努めなければなりません。プラス暗示は命を強く明るく、豊かに、和やかに勇気づけ、進歩させ、向上させる暗示です。積極暗示は心に明朗、快活、颯爽、溌剌、歓喜、感謝の気持ちをもたらします。だから、私たちが明るく、朗らかに積極的に生きるためには、いつも外界からの暗示を分析して、良い積極的な暗示のみを取り入れるように心がけるべきなのです。

（3）なぜ、私たちの周囲には消極的な暗示が多いのか

人間は常に暗示の世界で生きています。暗示は、言語、文字、行動、現象的事実などすべてが含まれるということは前に述べたとおりです。そうした目で、私たちが周囲を見渡してみると、この世界に存在する暗示事項の多くが、じつは消極的なものであるという事実に気づくはずです。いったいなぜ、暗示事項の多くが消極的なものになってしまっているのでしょうか。

一般に人間は、他人の幸せな状態を見たり聞いたりすると、自分の状況と比較して心が揺れたり落ち込んだりするものです。その反対に、他人の不幸な状況を見聞すれば、不本意ながらも、心が何となく落ち着いたり、安心したりします。

このような人間の心理状態を利用して営利事業を展開しているのがマスメディアという巨大産業です。彼らは毎日「これでもか、これでもか」と、不幸な人々の状況を報道します。これを見聞きすると視聴者はホッとするのです。一方、マスメディアは幸せな人々や話題については、あまり報じません。これは、他人を落ち込ませるような〝幸せなニュース〟は視聴者に人気がないからです。マスメディアは営利事業ですから自分たちの商品が売れなくてはなりません。だから、赤の他人を安堵させるような〝不幸なニ

ュース〟をこぞって流すのです。メディアばかりではありません。口から口へと伝わる口コミにおいても、この心理状態は同じです。人間は他人の不幸な噂を聞くと、何となく落ち着くものなのです。

このように、私たちの日常においては、心を積極化してくれる暗示が極めて少ないのが現実です。こうした消極暗示ばかりの世界に生きていると、漫然と消極的な暗示に接触対応する生活を送り、いつの間にか、心が同化、感化されて、消極化してしまうのです。

これからは「外界から入ってくるあらゆる事柄を、すべて無条件に賛同して心に受け入れる」という今までの自分自身の態度を改めましょう。そして、その暗示が、自分の心を暗い方向に導くものであると判断したならば、心に受け入れることをはっきりと拒否する態度をとりましょう。感覚器官を通じて入ってくるあらゆる情報の内容を、一つひとつチェックし、自分の心にプラスになるか、マイナスになるかという点から取捨選択していくようにしましょう。

最初はむずかしいと思うかもしれませんが、常に意識していれば、内省検討と同様に、次第に要領がつかめてきます。

4 「対人態度」の積極化をめざそう

山の中で隠遁生活でも送らないかぎり、私たちは、絶えず自分以外の他人と接し、コミュニケーションをとりながら暮らしています。したがって、私たちは、他の人々と接する際の態度も積極化していく必要があります。これが**対人態度の積極化**です。

どんな時でも、心の明るさ、朗らかさや、活き活きとした勇ましさを失わないように心がけねばなりません。他人に対する言葉や行動は、彼らにとっては他面暗示（第二章一〇八ページ参照）となります。つまり、私たちの言葉や行動は、相手を勇気づけることにもなるし、反対に相手を傷つけ、挫折させることにもなるのです。一方、これらの言葉や行動は、自分自身にとっては自己暗示になります。このように、対人態度は非常に重要なものなので、どんな場合にも積極的なのが望ましいと言えます。

世間では、他人の身の上話や、不運・困難な話などを聞くと、一緒になって、悲しんだり、泣いたり、怒ったりする人がいます。そして相手の人も、そういう人を、何か大変思いやりのある、話のわかる人のように思い、受けとめます。しかし、これはとんでもない誤りです。同情自体は悪いことではありませんが、一緒に泣くということは、「消極人間を二人つくる」ことと同義であり、周囲の雰囲気までも消極的にしてしまいます。そこには何のプラスも生じません。怒り、怖れ、悲しみは、病気の回復を遅らせ、運命の扉を閉ざす結果になります。消極感情を持っていては、幸運の扉は決して開きません。

本当にその人のことを思うなら、たとえ、その人の耳に痛いことであっても、逆境に負けず、不運を乗り越えていくように、激励し、勇気づけてあげるのが正しい対人態度です。

このように、私たちの日常の生活における言葉の使い方は、周囲の人々の心に大きく影響します。ここで、以下のような場合の言葉の使い方について少し考えてみましょう。

（1）職場における言動

仕事を持っている人間は、日ごろ、職場や取引の場において、多くの人々と接触します。その場合、常に積極的で前向きな言葉や行動で周囲に接するよう努めましょう。依頼された仕事や相談事に対して、いつも前向きに対応していると、仕事が増えて忙しくて仕方がなくなるという心配があるかもしれません。実際、職場では、積極的で前向きな人のところに次々と新しい仕事が集まってくるものです。しかし、さまざまな仕事や責任を任されてこそ働きがいがあるものなのではないでしょうか。世の中の進化と向上に寄与するのだという自負心を持ち、率先して与えられた職務に邁進しましょう。

（2）病人に対する態度

病を患っている人々は、えてして神経質になりがちです。人々の内緒話にも聞き耳を立て、自分のことを噂しているのではないかと勘ぐったりします。病気見舞いの時などはとくに細心の注意が必要です。消極的になりやすい病人の心情に同情しながらも、当人の気持ちを明るい方向へ導くような明るく朗らかな言葉をかけるようにしましょう。

（3）夫婦間の態度

夫婦の間柄は〝もっとも近い他人〟です。一緒に生活する時間が長くなるにつれて、夫婦間の会話は次第に少なくなります。「ただいま」の後が「風呂、飯、寝る」程度の会話では、夫婦の生活の情味を味わうことはできません。

たとえば、「今日はお月さまがとってもきれいよ。満月よ」と妻が夫に語りかける言葉は、「愛してます」という心根の表現です。これに対し、夫が「満月なんて、明日になれば欠けるだろう」などと返答するのでは、なごやかなムードは醸《かも》し出せません。「ああ、いい月だね。秋の夜の月を久しぶりに見るね」と、二人で肩を並べて美しい月を眺めるところに、夫婦生活の情味があるのではないでしょうか。

（4）親と子のコミュニケーション

親が子どもに話す言葉ほど、子どもの将来に大きな影響を与えるものはないでしょう。親は、自分の子どもが幼いうちから、常に積極的な暗示となるような言葉で接するように心がけたいものです。いつも積極的な言葉をかけられて育った子どもは、将来、明るく朗らかな、そして活き活きとして勇ましい、積極的な人間に成長していきます。

5 「苦労厳禁」――苦労とは無駄な心の使い方である

ここで言う「苦労」とは、「心配」「不安」という意味の苦労です。

世間には、何でも「苦」に感じてしまう人が少なくありません。何をさせても不器用なのに、苦労だけは実に上手な人さえいます。俗に言う〝苦労性〟の人です。自ら頭が良いと思っている人には、えてして苦労性の人が多いようです。

しかしながら、消極的思考のもっとも愚かしい表現が苦労です。消極的な苦労ほど、心のエネルギーを消耗するものはありません。**苦労厳禁**――苦労は無駄な心の使い方なのです。

苦労を時系列的に分類すると、過去苦労、現在苦労、未来苦労の三つがあります。順次、これらについて解説したいと思います。

(1) 過去苦労

過ぎ去ったことを後悔ばかりしている人がいます。「あの時、ああしておけばよかった」「あれがすべての間違いのもとだった」「あの時、あの株を買っておけばよかった」などと過去の出来事を後悔し、歯ぎしりして悔しがっているような人です。「失敗した」「間違いだった」などと、どうにもならないことにいつまでもこだわっていても、生命エネルギーをいたずらに消耗するだけであり、悔しいだけの後悔は、まったくむだな心の使い方です。過去に心が向いている人には進歩も発展もありません。

このような心の使い方の馬鹿馬鹿しさに気づいただけでも過去苦労は消滅します。後悔や過去への愚痴は厳しく反省し、すべて忘れ去るように努め、楽しく明るいことに心を振り向けるようにしましょう。

（2）現在苦労

今、自分の身に起こりつつあることを、片っ端から悩みの種にしている人がいます。目の前にある事柄を何でも苦にするのです。わが家を出る時も「これが最後の見納めかしら」などと、ふと思います。消防車のサイレンがなると「自分の家かな」と心配します。心配症、苦労性の人は、見るもの聞くものがみな、苦労の種、心配の材料になり、その結果、次から次へとマイナス思考で連想を積み重ねていきます。このような人は、むだに心のエネルギーを消耗しているので良いほうに心がまわりません。消極思考に実在意識が完全に牛耳られているのです。

「人間は考える葦である」という有名な言葉で知られる数学者のパスカルは、心について、次のように説明しています。「心は苦しむためにあるのではない。思考作用こそ、人間を他の動物と区別する優れた特質である」。無用な苦労は現在の楽しみを奪ってしまいます。

（3）未来苦労

未来苦労とは、いわゆる取り越し苦労のことで、まだ先のことを、あれやこれやと、それも暗い結果になる方向にばかり想像して思い悩む苦労です。取り越し苦労をする人は、年齢や性別を問わず、消極的傾向の人が非常に多く、長い間にその心の向け方が固定化して習性となり、何事も暗い方向にばかり心を向けて考えてしまいがちです。

そのような考え方は結局のところ消極的観念から思考されるので、否定的なことを思えば思うほど、考えれば考えるほどに、悪い結末になってしまいます。そして、その間にも心のエネルギーはどんどん消耗されてしまうのです。中にはそのために食欲不振になったり、不眠状態に陥ったりする人さえあります。たとえるならば、自分で自分の心のスクリーンにお化けの絵を描いて、自分で驚いたり、怖れたりしているようなものなのです。

中村天風は、取り越し苦労をする人のことを**「闇の夜道に提灯を高く頭上に掲げて、百歩二百歩の先の方を、何かありはしないかと、気にして歩くのと同じだ」**と喝破《かっぱ》しました。静かに足下を照らして歩めば、つまずきも転びもしないで歩けるような道を、遠方ばかりを気にして歩くために、石につまずいたり溝に落ちたりします。心もまた、これと同様で、まだ来ない将来ばかりを気にして、肝心の現在をおろそかにしたのでは、心そのものの働きさえ正常に行うことができなくなってしまいます。

中国の有名な故事成語である「杞憂《きゆう》」も同じような話です。昔、杞の国――現在の中国――に極端な取り越し苦労をする人間が三人いました。一人は朝から晩まで空ばかり眺めて不安そうに歩き回り、二人目は心配そうに地面ばかり眺めて歩き回っていました。そして、三人目は、朝から晩まで両人の顔をかわるがわる眺めて歩いていました。空ばかり眺めていた男は「いつか、大空が落ちないか？」、地面ばかり眺めていた男は「今に、この大地が陥没しないか？」、そして、三人目の男は「いったい、この二人はどうなるのか？」と、それぞれが余計な心配をしていたのでした。

昔から、「心は現在を要す。過ぎたるは追うべからず。来らざるは迎うべからず」と言われます。また、古語にも、「さしあたる、そのことのみをただ思え。過去は及ばず未来知られず」という歌があります。心は過去や未来にとらわれず、「現在＝只今《ただいま》」を積極的に正しく生きるために使わねばならないのです。

人間はいずれ死ぬことを定めとして生まれてきます。しかし、だからといって、「どうせ死ぬのだから」と捨てばちになってはいけません。「人は死すべきものではあるが、死ぬまでは生きている」のです。

生きている以上は、現在＝只今を価値高く生きてこそ、生きがいある人生なのです。

6 「正義の実行」で、気分はいつも爽快に

古今東西、「正義」は、さまざまな角度から論議されてきました。哲学や倫理学においては、正義とは何か、正、不正を定める基準をどこに置くか、また、それを判断する精神の働きとはどのようなものか、などと深く掘り下げて論じられ続けました。

正義の実行というと、普通の人には容易に行い得ないもの、あるいは、困難な修行を積んだ末に初めて会得できるものであるかのように思われるかもしれません。しかし、私がおすすめする正義の実行とは、決してそのようなむずかしいものではありません。

ここで言う正義の実行とは、「人々の持つ本心、良心に逆らわない」ことだけを基準として、行動することを指します。人間は正常な心の持ち主であれば、だれにでも本心、良心というものがあります。本心とは人間の本性から湧き出る心、汚れのない、清らかな、明るい素直な心のことです。この本心から道徳的に発現してくる心が良心です。本心、良心の働きが正義の基準となるのです。

どんな極悪非道な人にも、その心の奥底には本心、良心が存在します。ただ、一時の利得や本能の衝動に駆られて、本心、良心を覆い隠して悪事を行っているにすぎません。

たとえば、どんな悪人も悪事を働いていることをできるだけ他人には知られまいとする

でしょう。もし、自分の行為が正しいと本人が信じていれば、決して隠さずに、堂々と行動するはずです。見えないところで悪事を働くのは、それが悪いことだと自覚している証拠です。

人に酷《ひど》いことを言ったり、何か道ならないことをしたりした時、私たちは何となく後ろめたく気がとがめるものですが、それもまた本心、良心があるからなのです。だから何事でも、この「本心、良心のとがめを感じない」ことを指針として行動するように心がけねばなりません。そうすれば、後になって後悔したり、卑屈になったりすることもなく、春《しゅん》風駘蕩《ぷうたいとう》の人生を送ることができるはずなのです。

中国の孟子は「自ら省《かえり》みてやましからずんば、千万人といえども吾往《ゆ》かん」と語っています。「自分自身を反省してみて、正しいと信じたら、たとえ一千万人の反対者があっても、自分の正しいと思う道を進もう」という意味です。このような気持ちがあってこそ、正義の実行に必要な勇気が湧き起こるのだと思います。

西洋の哲学者の言葉にも「神の心は正義のみ。したがって、人が正義を行う時、神の力はその人に無条件に注ぎ込まれる」というのがあります。真に味わい深い言葉です。自己を、万物の霊長としての価値高い人間であるとしっかりと自覚するならば、どんな場合にも正義の実行を怠ってはなりません。

第三章では、ここまで積極精神を養成するための五つの項目について説明してきました。

　この章の補足として、積極的観念と宇宙現象の根源である「気《ヴリル》」について、あらためて説明しておきたいと思います。

　先にも述べましたが、あらゆる宇宙現象の根源である「気」というものには、プラス（＋）の「気」とマイナス（－）の「気」の二種類があります。プラスの「気」は、建設・創造の働きを行い、マイナスの「気」は、消滅・破壊の働きを行って、この両者によって常に新陳代謝という作用が行われています。

　私たち人間の身体は物質界に存在し、自然法則の中で生きています。ところが、霊魂は、非物質界、すなわち五官（目・耳・鼻・舌・皮膚）では知覚できない世界に実在しています。そして心は、この両者（身体と霊魂）を結びつける役割を果たしています。

　そこで次ページの図をご覧ください。非物質界には、プラスの気とマイナスの気が充満しています。人間の観念が消極的だと、マイナスの「気」と生命が心を介して無条件に結合することになり、破壊の作用をもたらします。逆に、人間の観念が積極的だと、プラスの「気」と生命が即座に結合し、創造の作用が行われます。これが自然の摂理です。

　したがって、気の弱い、消極的観念の持ち主である激情家や神経過敏の人が、とかく、健康や運命が良くないのは、ある意味では当然のことなのです。なぜなら、そういう人々

図6　非物質界と物質界の関係

は消滅・破壊を行う「気」を、物質界において大量に自己の生命に呼び入れているからです。その反対に積極的観念の保持者が、常に健康や運命が順調で良好なのは、建設・創造の「気」が物質界において、生命に豊富に流れ込むからです。

そもそも観念とは、人間の気持ちが集結したものです。「同気相求める」という言葉があるように、人間の観念は「気」から形成されているため、同一の気が相互に結びつき、融合していくのです。

積極観念の把持《はじ》は、私たちの生命が完全な形で生きるための、私たちの命の要求にほかなりません。私たちは人生を生きるに際し、正しい使命観に立って、積極的に充実した気分で真理に即して生きることが大切なのです。

そのためにも、これまでに説明した五つの項目、すなわち、①内省検討、②暗示の分析、③対人態度の積極化、④苦労厳禁、⑤正義の実行を日々の精神行事として実践していきたいものです。

第四章

ストレス解消法

この章では、体内の神経系統に適切な対策をほどこすことにより、感応性能（第一章八一ページ参照）の積極化をはかるための方法について述べていきます。神経系統は、末梢部分は身体に、中枢部分は脳にそれぞれつながる、身体と脳を結ぶ大事な部分です。したがって、神経系統への適切な働きかけは、心の積極化に不可欠と言っても過言ではありません。

中村天風が、ヨガ修行によって体得したヨガのクンバハカ法を基礎とし、さらにその神経学的理論や生理学的効果を解明しつつ、私たちが日常生活でも実践できる方法として編み出したのが、神経反射の調節法です。

1　「刺激過剰時代」の今日は、みなが神経過敏に陥っている

現代人の多くは、自分の生き方に〝誤り〟があることに気づいていません。具体的に言うと、感情や感覚の刺激やショックを正当に受け止められていない——ということです。とくに**ストレスの刺激によって、神経系統の生活機能が低下しています。**神経反射機能の調節が不十分なために、本当は五〜一〇程度の感覚や感情の刺激であっても、一〇〇〜二〇〇とオーバーに伝わってしまうのです。ところが、自分の刺激の受け止め方（神経系統の反射作用）が正しいと思い込んでいる人は、この誤りを誤りと認識できずにいます。そもそも大半の人々は、正常な神経系統の反射作用を知らずに暮らしています。だから、心配、怖れ、腹立ちなどを感じると、その時は大変な興奮をしますが、後になって考えると、それほど心配することはなかった、それほど怖れることはなかった、それほど怒ることはなかった、と思い直すことが多いのです。

神経反射の調節が乱れている人は、小さなことでも心に大きな影響を受けます。驚かなくてもよいことに驚き、悲観しなくてもよいことを悲観し、怖れなくてもよいことを怖れます。ちょうど映画館のスクリーンに映し出される映像のようなもので、フィルムの画面は小さくてもスクリーンでは巨大化して観客の心に飛び込んできます。これらの衝動やシ

ョックが人生に与える影響は、その元の大きさによるのではなく、心の知覚した分量によるのです。

たとえば、池に石を投げると波紋が発生し、波紋はうねりながら岸辺に伝わり、岸辺に当たると今度は跳ね返って戻ります。神経の反射作用もこれと同様の働きがあります。五〜一〇程度のショックでも、それを一〇〇〜二〇〇程度として受け止めてしまえば、一〇〇〜二〇〇のショックが神経を通じて肉体生命に跳ね返り、さらに増幅されて、今度は五〇〇〜六〇〇ものショックとなって身体に影響を及ぼすことになります。

これは恐ろしい作用で、このような大きなショックをずっと受け続けていると、やがては身体の健康が破壊されかねません。

言うまでもなく、現代は複雑に進化した時代です。刺激の量が増大し、質も複雑化しています。メディアや広告は私たちの目や耳を通してひっきりなしに刺激を送り込み、大量の刺激を注入します。生活の上でも、朝の通勤ラッシュ、交通混雑、職場で使うパソコン、あるいは複雑な人間関係など、ありとあらゆる刺激やストレスが待ちかまえています。

目や耳といった感覚器官は外に向かって開かれているため、強い刺激は容赦なく侵入し、感覚器官は、それらの刺激を拒否することなく受け止めます。そして、そのたびに感覚神経は反射的に興奮します。適当な刺激が、適当な時に与えられるのならばともかく、現代のような刺激過剰の時代には、感覚神経は常に興奮させられ続けます。当然ながら、神経系統の使い方が激しければ神経は疲労し、神経は疲労するとその働きは過敏になります。こうして現代人は、過剰な刺激によって感覚神経が絶え間なく興奮させられ、神経過敏状態に陥っているのです。

感情の不安定は自律神経系にも大きな影響を与えます。

自律神経系は、交感神経と副交感神経から成り立っています。たとえば、大きく出血したり、外敵に出会ったりした場合、あるいは、怒り、怖れ、悲しみといった精神面の情動が起こった場合、交感神経は直ちに活動を開始します。交感神経の働きによって、瞳孔の拡大、気管支の拡張、血管の収縮、血圧・血糖の上昇などが起こります。反対に副交感神経は、交感神経の興奮により引き起こされた諸器官の変化を元の状態に戻し、失われたエネルギーを補給するのがその役割です。このように交感神経と副交感神経は、相反するような働きをしながら、協力して身体の調和を保ちます。

ところが、興奮や怒り、不安や悲しみ、恐怖や驚きのショックが強すぎたり、回数が多すぎたりすると、この二つの神経は対応しきれなくなり、協調が乱れてきます。こうして、自律神経失調症などの心身症が身体に生じたりするのです。

以上の点から、私たちは、**人生の刹那《せつな》刹那に訪れる衝動やショックを正しく心に受け止める方法**を知っておく必要があります。

2 ストレスに打ち克つためには

前項の1で述べたような事実を実験的に証明し、一つの学説にまとめ上げたものが、カナダのハンス・セリエ博士が提唱した**ストレス学説**です。

セリエ博士は、人間の生体に緊張や歪《ゆが》みを与える原因となる刺激因子のことをストレッサー（ストレス因子）と呼びました。ストレッサーにより、生体には歪みが生じます。生体はこの歪みを元に戻そうとして自己防御反応を起こします。この歪みと防御反応の両者をセリエ博士は「ストレス」と定義しました。そして、ストレスを起こす要因として、薬物、毒物、火傷《やけど》、寒冷、打撲、精神的緊張などを挙げています。

セリエ博士はネズミを使った動物実験によってストレスを発見しました。ネズミを傷つけたり、縛りつけたり、有毒物を注射したり、猫をけしかけて怯《おび》えさせたりと、各種のストレッサーを与えました。さらには光や音、電気などの刺激も与えました。すると、どの実験のネズミにも共通した反応（非特異反応）が見られました。それが以下の三つです。

①副腎《ふくじん》の腫脹《しゅちょう》
②リンパの萎縮
③消化器系の充血

これらの現象からセリエ博士は、刺激が生体に悪影響を与え、胃潰瘍《いかいよう》、高血圧、糖尿病などのストレス病を引き起こすことをつきとめたのです。

セリエ博士の説明によると、ストレッサーに対する反応について、おもな働きをするのは脳下垂体《のうかすいたい》と副腎であって、たとえば、ある要因がストレッサーとなった場合、大脳皮質がこれを感知し、その刺激は大脳↓間脳↓脳下垂体のルートをたどり、脳下垂体からある種のホルモンを分泌《ぶんぴつ》します。このホルモンは副腎皮質に作用し、そこからさらに多くのホルモンが分泌され、他の内分泌腺や器官に運ばれます。このような反応は、病的状態を正常な状態に戻すためには有益なのですが、分泌が過度になったり、回数が多くなったりすると、生命に対して悪い影響を与えることになります。ことに刺激過剰で、とかく消極的な感情に陥りやすい現代人にとっては、この影響は生命に害悪を与えるほどに達します。これが一般に言われるストレス病なのです。

たとえば、驚いたり、怖れたり、怒ったりした瞬間に、人間の血管は収縮し、血圧は上昇します。同時に、内分泌系では防衛のために糖原質（グリコーゲン）の分解を行うため、血糖の上昇を招きます。だから、日ごろから臆病な人や怒りっぽい人は、高血圧、動脈硬化、糖尿病などにかかりやすく、絶えず精神的な不安や緊張状態にある人は、胃の粘膜が充血する傾向が著しいために胃潰瘍になりやすいのです。また、悲観的な考え方をし、沈みがちな人は、消化機能の不活発から消化器病に悩むことになります。

感覚器官の中で、とくに外界からの刺激を受けやすいのは目と耳です。そこで、セリエ博士はストレスからくる被害を、できるだけ少なくする方法として、「サングラスをかける」「耳栓《みみせん》をする」の二つを提唱しました。

この方法は、外界からの刺激を弱める上では、ある程度の効果があるかもしれませんが、現代においてはあまり現実的な方法とは言えません。神経安定剤、精神安定剤などの薬物に頼る方法も考えられますが、薬物使用には中毒や常習性といった問題点があります。

セリエ博士は次のように述べています。

「人間の感情や感覚からくる衝動やショックを防ぐ手立てはない。もしも人間の世界にこのショックや衝動を防ぎ得る時代が来たならば、人間の寿命は少なくとも今の倍の一五〇歳から二〇〇歳ぐらいに延びるだろう。ところがストレスがある場合には、ひどい人になると五〇歳にならない前に死んでしまう。そのくらい、ストレスというものは恐ろしいものである」

中村天風は、この**「ストレス」を、自己の体勢、つまり身体の構えや姿勢を整えることによって解消する方法を編み出しました。**以下、その方法について見ていきましょう。

3　天風が修行中に体得した「神経反射の調節法」

序章でも述べましたが、中村天風は失意のうちに日本へ帰国する途中、偶然にもエジプトでヨガの聖者とめぐりあい、ヒマラヤの山中でヨガの修行をすることになりました。

元来、ヨガはインドのバラモン教の修行法でもあり、宗教的修行法であると同時に実践哲学でもあります。ヨガという言葉は「結びつける」という意味があり、「神と人」あるいは「心と身体」を結びつけるという二通りの解釈があります。人間の心身を一体化し、その能力を全知全能の神の力にまで引き上げようとするものです。

ヨガ哲学では理論研究を行うと同時に、難行苦行によって人間の生きる力を向上させます。これは理論と苦行という二つの方向から人間の肉体生命と精神生命を正しく保たせる意図があります。しかし、普通の身体では難行苦行には耐えられません。そこで、この難行苦行のできる身体をつくるための、**クンバハカ**と呼ばれる秘法があります。

クンバハカを行うと、神経反射を瞬間的に調節することが可能となり、体内に霊気を充満させることで肉体のすべての苦痛やその他の刺激を緩和できます。さらに宇宙の根本主体の持つエネルギーであるヴリルの収受量が増え、それに伴い人間の肉体生命も精神生命も驚くべき強さを増し、肉体の持つ本来の力を最大限に発揮できることになります。

中村天風は、このクンバハカを悟るまでに一年七ヵ月を要したと言われています。

クンバハカを悟るための最初のヒントは「息の合間合間に、身体を、たっぷりと水を入れた器《ウオーターボトル》のように保ち、瞬間息を止めろ」というものでした。水をたっぷり注いだ器は力が均衡しているので、どこから圧力を加えられても壊れることはありません。

クンバハカは、生きた身体にある特殊な方法をほどこすと、その人の身体が霊体の状態になるというものでした。心身が調和して、生命力の充実した理想的な状態が霊体です。そこでクンバハカによって霊体になり、常人には耐えられない難行苦行を行うわけです。

霊体となるために行う方法は、師から弟子に教えることはありません。親から子に語られることもなく、文書にも記されることはありません。自らの修行を通して体得しなければならない、まさに秘法です。

中村天風が、この秘法を悟ったのは、水の流れの中で行われる瞑想行の時でした。ヨガ修行の村のほとりをゆるやかに流れる小川の中で、毎朝瞑想行が行われました。ヒマラヤの雪どけ水は冷たく、手足の感覚は失われ、脳もしびれて、思考さえ絶たれるほどですが、ヨギ（ヨガを修行する者）たちは端然《たんぜん》として石像のように水中に座っていました。

修行を始めて一ヵ月、三ヵ月、半年、そして一年が経過しました。ある朝、水中の修行者の末端に座っている天風を見すえた聖者は「うむ、なかなか、よろしい」と、うなずきました。瞑想が終わり、聖者の前に立った天風は「先ほどは、ありがとうございました」

と、頭を下げました。すると、「だめだ！」と、聖者の口から激しい言葉が出ました。

数日が経ち、流れの中で瞑想するヨギを一人一人見つめつつ、歩みを進めていた聖者は、天風の前に立って「いよいよ、よろしい」と言われました。聖者に褒《ほ》められて喜んだ天風は、瞑想が終わると、ふたたび「先ほどのお言葉、ありがとう存じます」と、聖者の前で頭を下げました。ところが、「まだ、だめだ」と、聖者からはさらに厳しい言葉が発せられました。

水の中で「よろしい」と言われた自分が、水から上がるとなぜだめになるのか、天風は考え続けました。そして、「そうだ、**これは体勢の問題だ！**」と気がついたのです。

それから幾日かが過ぎた朝のこと、流れの中に端座する天風青年に向かい、聖者は、「よろしい。いよいよよろしい」と、何度もうなずきました。

瞑想が終わると、天風は水の中の体勢を保ちながら聖者の前に深々と頭を下げました。「よろしい。それでよろしい」と、聖者のおごそかな声が、中村天風の頭上に大きく響きました。

「これですか？」

「それだ！」

聖者と弟子との間で、鋭い言葉が交わされました。その瞬間、中村天風の眼からは、思わず熱い涙がこぼれ落ちたのでした。

4 「尻・肩・腹」の三位一体が調節法の極意

中村天風は、川の中では聖者から「よろしい」と褒められたのに、外へ出ると「だめだ」と言われました。そして、その原因について考え続けた結果、ある日、「これは体勢の問題なのだ」と気がつきました。そして実際に水中での体勢、身体の構えや姿勢を検討してみると、①尻が締まっている、②肩の力が抜けている、③丹田に力が入っていることに気づいたのです。

帰国後、天風はこの秘法を神経学的に理論づけながら、一般の人々が実践しやすい方法を編み出しました。それが、「神経反射の調節法《クンバハカ》」（厳密には「クンバハカ」とはヨガの秘法ですが、天風会では、この「神経反射の調節法」のことを「クンバハカ」と呼びます）です。それでは、実際にその方法について見ていきましょう。

もしも外界から強い刺激やショックを受けたり、心に激しい怒り、強い怖れ、深い悲しみといった強烈な消極的感情が起こったりしたら、その瞬間に次のような体勢をとってみましょう。

（1）肛門を締める
（2）肩の力を抜く

（3）下腹に力を込める
（4）刺激の強烈な時には、瞬間呼吸を止める
刺激がそれほど強烈でない時には、（1）から（3）までを同時に、強烈な時には、（1）から（4）までを一気に行います。尻、肩、腹を三位一体として同時に行うのです。
この方法によって、人間は、神経系統、とくに人体の急所とも言うべき各種の神経叢（多数の神経細胞が枝分かれして網状になっている部分）の動揺を、即時に平常の状態に回復することができます。つまり、精神の安定を取り戻すと同時に、肉体の被る悪影響を最小限に食い止め、あわせて生命力の損失を少なくするという素晴らしい効果があるのです。この方法について、中村天風は講演で次のように説明しています。

「腹が立ったり、怖れたり、心配したり、悩みがあったり、悲しみ、憎しみを感じた時に、何をおいても尻の穴を締める。尻の穴の括約筋《かつやくきん》は生理的欲求がある時以外は締めておくものである。尻が締まっていない人間の目から出る光《オーラ》が違う。こういう人はすぐに、猛獣・毒蛇に食いつかれる。人間が消極感情を持つとオーラが減ってしまう。感情がエキサイティングすればするほど人間の生命の炎はグッと下火になる。何をおいても尻を締める練習をする。私はいつでも尻が締まっている状態になるまでに、一五年はかかった。気がついたら尻を締める。習慣が第二の天性となる。すると、尻はいつでも締まっているから、感覚や感情の刺激や衝動を感じた時には、肩を下ろして、腹に力を込め、瞬間息を止

める。これがクンバハカだ」

尻、肩、腹にほどこす体勢について、それぞれ生理的に解説したいと思います。

（1）肛門を締める

肛門を締めることによって、仙骨《せんこつ》神経叢の動揺を防ぎ、骨盤神経の安定を保つことができます。精神的に緊張した場合、大小の便意を催すのはこれらの神経叢が異常に興奮するからです。肛門を締めることは、古禅でも「止気《しき》の法」と言い、気の逃げ失せるのを防ぐ法として、恐ろしいことや驚くことがあった時に行うよう説かれています。

（2）肩の力を抜く

肩の力を抜くことで、横隔膜神経叢の動揺を防ぐことができます。思いがけない出来事に遭遇したり、大事な場面に出くわしたりすると、「うわずる」「あがる」といった状態に陥ることがあります。こういう時は横隔膜があがり、横隔膜神経叢が動揺しているのです。肩の力を抜くことによって、横隔膜を抑え自律神経の安定をはかることができます。

神経叢は生命維持に必要な活力を貯蔵する場所で、俗に急所と言われる部所でもあります。中でもいちばん大量に活力が保留されている部分が「みぞおち」、すなわち横隔膜神経叢なのです。肩の力を抜くことで、心臓神経の動揺も静めることができるため、驚きや怖れによってドキドキした心臓を素早く平常に戻すことができ、また総頸動脈神経叢も安定するので、脳への血液の流れも正常になり、生理的にも効果が大きいのです。

（3）下腹に力を込める

下腹部に力を込めるというのは、昔から「臍下《せいか》丹田《たんでん》に気を込めよ」と言われたのと同じ意味です。横隔膜が下がり腹腔神経叢の動揺を防ぐことができます。怒った時に腸《はらわた》が煮えくりかえるように感じるのは腹腔神経叢が動揺しているためなのです。

また、腹圧をかけて息をする「腹式呼吸」は良い呼吸法とされていますが、これは内臓諸器官の下垂を招く恐れがあります。あわせて肛門を締めることで内臓の下垂を防ぐことができます。

以上のように、神経反射の調節法は尻、肩、腹の三ヵ所同時に行うのですが、最初はとくにむずかしい「肛門を締める」練習から始めると良いでしょう。それも時折、思い出した時に締めるのではなく、いつでも尻が締まっている状態を保つように努力することです。その場合、必ずしも常に一〇〇パーセント締める必要はなく、常時七〇～八〇パーセント締めておき、必要な時に肩の力を抜き、同時に下腹に力を込めます。

以下の点に留意しながら、神経反射の調節法（クンバハカ）を活用しましょう。

①気がついたらクンバハカを行い、習慣にしてしまいましょう

②暑さ、寒さ、大きい音、打撲痛などの外的刺激を受けた時に行います
③怒り、怖れ、悲しみといった内的衝動が起きた時にも効果があります
④心に不安や動揺が起こることが予測される時も前もって活用できます
⑤重いものを持つ時や注射をする時などもクンバハカ体勢が有効です

神経反射の調節法の効果をまとめると、おおよそ次のとおりです。
①血液循環がよくなり、血色が目立ってよくなります
②筋肉が調整され、やせている人は肉付きがよくなり、逆に肥満体の人は、程よく中和体となります。血圧も正常になります
③消化機能が促進され、胃腸の具合がよくなり、便通も順調になります
④頭脳が常に明快で、憂鬱気分に襲われることがなくなります
⑤虚心平気の人生時間が多くなります。今までのような恐怖や驚きに心が動揺することがなくなるために、生活を楽しむ余裕ができるようになります
⑥怪我をしたとか、身体を痛めたような場合にも、その瞬間にクンバハカを行えば、自然治癒能力が促され、回復が著しく早くなります
⑦クンバハカを常に実行していると、外部から細菌に侵されたり、風邪をひくようなことも次第になくなります

5　神経反射の調節法を応用する

　神経反射の調節法（クンバハカ）は応用範囲がすこぶる広く、無限と言ってよいほど私たちの生活の中でその効果を発揮します。その代表的な応用法としては、活力吸収法（プラナヤマ）、活力移送法、養動法などがあります。これらの方法について簡単に説明します。

（1）活力吸収法（プラナヤマ）

　中村天風は講演の中で活力吸収法について、次のように述べています。

「クンバハカの習慣をつけるのにいちばん良い、一石二鳥の方法がある。息を少し長く深く、おだやかにすることによって、クンバハカを応用してプラナヤマ（活力の吸収法）という尊い方法を行うことができる。クンバハカしながら、折あるごとに時あるごとに、日に何千回でもいいから深呼吸をする。これがプラナヤマである。私の呼吸はいつもプラナヤマである。私はいつも肛門が締まっている。肩の力は落としている。瞬間、腹に力が入っている。そして、息はいつも長く深くする。すると、呼吸はプラナヤマになっている。この習慣が五〇年間続いている。いつも肛門を締める気分を忘れない

こと。肛門と腹だけはいくら力を入れても、手とか足とか肩のように凝《こ》ることはない。呼吸のセクションができて、肺臓それ自身も、呼吸から受ける刺激が少ない。

私は講演の最中もプラナヤマをやっている。息を長く、深く吸って、心静かにプラナヤマをやっている。一般の講演者のように、立て続けに話して、休むことがないと、スピーカーも聴衆も疲れてしまう。プラナヤマによって自分も聴衆も休ませる。私の講演を聴いていて、あなた方が疲れを感じないのはこのためである」

プラナヤマの要領は次のとおりです。

①深呼吸の回数は一回に三～五呼吸を限度とします
②呼吸はできるだけ、静かに長く深く行います
③深呼吸は呼息から始めます。肺臓内を浄化して、いったん空にしてから吸息するほうが効果ははるかに大きいのです
④深呼吸は折りあるごとに行うのが理想ですが、寝る前と起きた時、および何か仕事をしようとする時や疲労、休息の時などに行うと効果的です
⑤効果を増大するために観念を用います。「新鮮な活力を、今まさに収受する」という観念、そして大自然の恩恵に対する感謝の念をもって行います

（2）活力移送法

活力移送法は、プラナヤマの応用法で、観念の力によって得られる効果の高いもので

す。

あくまで観念を主体とし、方法、形式は従とします。プラナヤマが全身的であるのに対し、この方法は局部的で、活力を移送しようとする局所だけを目標とします。肉体の故障箇所や病患部などに対して治癒力を促進することができます。方法は次のとおりです。

①クンバハカで吸息するに際し、活力を移送しようと思う局所を強烈に思念します
②吸息しながら「局所に空気中の活力が流入する」という観念を強烈に心に描きます
③吸息し終わったら、いま一度肛門を固く締め、肩を下ろし、瞬間、息を止めます
④息を止めると同時に「活力を受け入れた」という想定観念を心に抱きます
⑤その後すぐに、いきみ加減に息を吐き出し、全身の生活細胞にバイブレーションを与えると、受け入れた活力をいっそう効果的にします
⑥一回に五呼吸を限度とし、一五分間隔で繰り返します
⑦呼吸はできるだけ空気のきれいなところで行います

ちょっと疲れたとか、活力が不足していると感じた時にこの方法を実行してみましょう。一回あたり、わずか数分でできるので、仕事をしながらでも容易に実行できます。

（3）養動法

養動法は次のような要領で行います。

静座して、両手を組み、軽く股の上に置き、膝の間は握りこぶし三つぐらいの間隔をとります。瞑目してクンバハカ体勢をとりながら、頭部で平仮名の「の」の字を書く要領で、静かに上体を自然に動かします。「の」の字のバランスが崩れて、動きが前後左右にズレたり、上下になったりすることがあっても、それは少しも差し支えありません。それはその時の身体の状況でそうなるのですから、自然に任せておけばよいのです。

また、養動法は座って行うだけでなく、立って行う、しゃがんで行う、寝て行うなど、いろいろな体勢で行うことができます。いずれの場合にも背筋を真っ直ぐにのばして行うことが基本です。

養動法の効果は、おもに次のとおりです。

①神経系統の異常興奮を鎮静化する
②活力の分布を平均にする
③内臓筋肉の凝り、つり、のびを適切に緩和する
④運動不足を補う
⑤姿勢を正しくする

第五章

心の使い方

一般に私たちは、自分の心（精神）の使い方が「良いか」「悪いか」ということについて、ほとんど考えることはありません。その時、その場において、場当たり的に心を使っていると言ってよいでしょう。しかし実際には、心の持ち方も消極的な上に、心の使い方も正しくない人が多いのです。心の持ち方も使い方も正しくなければ、健康で幸せな人生を望むことは困難です。

この章では、心が本来持つ可能性を存分に発揮し、さわやかな人生を生きるための、正しい心の使い方について見ていきたいと思います。

1 心を使う場合には使用原則がある

どんなものを使用する時にも、それを使用する上での基本原則というものがあります。また、その原則に反して使用された場合には、ものそのものの利用効果は減じられます。同様に、万物の霊長と言われる**私たち人間の「精神」、つまり心にも使用原則があります**。もしも、精神を原則に背反して使用した場合には、たちまち心が萎縮して振るわなくなり、逆に心があるばかりに、しなくてもよい苦労をしたり、しなくてもよい失策をしでかしたりという結果を招くことになるのです。

では、精神使用の原則とは何なのでしょうか。それは**精神統一**です。わかりやすく言うと、**心を分散させることなく、常に集中させた状態で心を使うこと**です。

これまでお話したように、積極的に心を把持することで心の力がつくられます。その上で精神を統一、集中した状態で使用することで、心の働きがさらに効率のよい形で発現され、人間の本領が発揮されます。実際、心を積極的にすることでどれほど強い力をつくることができても、心の働きが十分でなければ、結局、強い力を存分に発揮できなくなります。逆に心の強い力に優秀な働きが加われば、その効果は素晴らしいものになります。

昔から、優れた非凡の人と言われる人々は、一様にその心に力もあり、また、心を正しく使っていた人です。精神がいつも統一されるように用いられていると、その統一の程度に従って、精神生命の可能性が驚くほど無限大に進展、向上します。霊感とか霊知と言われる特殊な心理現象は、この精神統一の極致から発現する貴重な事例なのです。

それでは、どうすれば精神を統一して使用することができるのでしょうか？

たいていの人は精神統一と聞くと、心の前に現れた事物現象なり、または仕事なりに、何でも一心不乱に心を注ぐような状態を指すものだと考えます。しかし、そのような状態は心が目の前の事物にとらわれ、心に主体性がなくなっている状態です。精神統一とは心が主であり、事物にとらわれず、自由自在に働くことができる状態でなければなりません。

次項で詳しく説明しますが、事物に一身に心を注ぐ状態は、精神統一の必須要件である「集中」ではなく、傾注であり、執着であり、凝滞《ぎょうたい》であり、放心です。このような心の使い方は、自分の心が対象に吸いつけられて動きがとれなくなっている精神状態なのです。このような人は、自分の意思で自分の心を使うという自主性がなく、とらわれと、こだわりの中で不自由な人生に生きることになります。

何よりも大事なのは、**自らの意思によって注意を向ける対象を選ぶ**ということです。

人間が生活する際に、周囲の環境から受ける刺激や現象に支配されることなく、主体性を確保しながら生きるための手段として、意思というものが与えられています。外界の刺激や出来事に、ただ引きずり回されるだけならば、その人の注意は他動的なものばかりで、自ら向ける主体的な注意は失われてしまいます。私たちは、自らの意思によって対象を選択し、そこに向かって注意を振り向けるという、主体性のある注意を行わなければなりません。

自分の意思で意識を対象に振り向けることを**有意注意**、反対に、他からの刺激で向ける受動的な注意のことを**無意注意**と言います。たとえば道路を歩いていて、道端から突然、犬が飛び出してきた時に、そちらに向ける注意は無意注意です。

自らの意思で、有意注意を行うところに人間の本来の主体性が発揮されるのです。私たちが心を正しく使うには、無意注意で物事に対応するのではなく、有意注意で物事に接する必要があります。言いかえれば、何事をするにも、はっきりとした明瞭な意識で行わなければならないのです。そうすれば、いつとはなしに心が曇らなくなります。これは心が持っている本来の力が出てくるからです。ところが、たいがいの人は、大切な物事を行う時以外は、迂闊な気持ちで対応している場合が多いのです。それは不明瞭な意識です。

このことをたとえて、中村天風は「**あなた方の意識は、二日酔いの近視者が、眼鏡を掛けたまま、朝風呂に入っているようなものだ。ボーとして全体の輪郭しか見えていない**」と、よく話していました。

次項からは、誤った心の使い方についてさらに細かく見ていき、その後で、正しい心の使い方について確認することにしましょう。

2 「心ここにあらず」は、効率の悪い心の使い方

精神の不統一な状態には大きく分けて、(1) 分散系の心の使い方、(2) 固着系の心の使い方の二つがあります。それぞれについて説明します。

(1) 分散系の心の使い方

心を集中させずに分散して使うのは、よくない心の使い方です。分散系の心の使い方には散逸、分散、分裂、放心の四つがあります。

①**散逸**とは、他からの刺激により注意がそらされることです。講演を聞いている時に横のドアが開くと、すぐにそちらを見る人がいます。また、「私は気が散りやすい性格で困るんですよ」などと自ら認める人もいます。誤った心の使い方が習慣化しているのです。話をしていて、関係のないところへ話題が飛ぶ人も心の散りやすい人です。

②**分散**とは、目の前にある他のものに自ら注意をそらせてしまうことを言います。講演を聞きながら、前に座っている人の服装を見て、次々と連想を始めてしまいます。「素敵な柄だわ。どこで売っているのかしら。私も欲しい」などと考えてしまうのです。

③**分裂**とは、自分で観念を他に移してしまう状態です。人の話を聞きながら仕事のこ

とを、あるいは、勉強の途中で「ボウリングに行けばよかったかな」などと考えます。そのくせ、ボウリングをすればしたで、「やはり勉強すべきだったかな」と考えます。いずれの場合も分裂です。これでは、せっかく心に一〇〇の力があっても、使う時には五〇か三〇程度の力に分かれてしまいます。

④**放心**とは、その対象に注意を全面的に奪われてしまうことを指します。恋人ができると、心がすべてその人のほうへ行ってしまい、いつもポーッとするような状態です。

これらの四つの心の使い方では、心に主体性がなく、心が対象に引きずり回されています。このような人は、心の力を十分に発揮できません。物事が、不徹底でいいかげんになります。

（2）固着系の心の使い方

「心を分散させてはいけない」と言われると、人々は「それでは、何事も一生懸命にやれば良いのだろう」と早合点します。しかし、私たちは一生懸命と言いながらも、心が対象にこびりついた、悪い心の使い方をしている場合が多々あります。これが固着系の心の使い方で、傾注、執着、凝滞、固着の四つに大別されます。

①**傾注**とは心を注ぎすぎることです。病にかかると朝から晩まで病ばかりを気にします。時には、その病が原因で自分が死んだ時の様子まで想像してしまいます。心が「病」という現実にとらわれてしまい、いつまでも、そこから脱却できないのです。

②**執着**とは心が物事にとらわれすぎることを言います。営利企業が事業を通じて利益をあげるのは、ごく自然な商業活動ですが、利潤のみを目的とする経営者が少なくありません。金に執着しすぎると幸福を見失うことになります。また、自分の企業が倒産すると自殺してしまう経営者さえいます。これも事業経営そのものに執着しているのです。

③**凝滞**とは心が滞る状態です。月曜日に気に入らないことがあって怒り始めると、週末まで怒り続ける人がいます。心が怒りという感情に占拠され、心の主体性が失われているのです。凝滞の人は、心がこだわるあまりそこから離れることができないのです。

④**固着**とは、文字どおり、心がこだわることで、凝滞がさらに進んだ状態です。ある思いが頭にこびりついてしまい、どうしても離れられなくなります。高齢者が昔の考え方にこだわり、新しい時代の流れについていけないのも一種の固着です。感覚や感情、理性にこだわり続ける結果、心が停滞してしまうのです。

分散系や固着系の心は、自分自身ではなく環境や対象が主役となり、人間の心がそれに引きずり回されている状態です。私たちは自らの意思で対象を選択し、そこに向かって意識を振り向けなければなりません。つまり、分散系の使い方も、固着系の使い方も、いずれも正しい心の使用法とは言えません。「心は思い悩むためにあるのではない」のです。私たちは、幸せな人生を実現するために、心を正しく使う必要があるのです。

3　正しい心の使い方とは？

繰り返しますが、精神統一とは、心の前に現れた事柄を、自らの意思でもって心の中に集約、集中させる作業です。前述した傾注や執着の状態が、対象に心がすべて奪われているのに対し、統一あるいは集中は、心が鏡のように、対象となっているもののすべてを映し出している状態です。これを簡単に示すと次のとおりです。

・傾注、執着　　心↓物
・集中、統一　　心↑物

ところが一般的には、何でも心が一心不乱の状態になれば、それが集中であり、統一であると考えがちです。心が対象に奪われたり、あるいは対象に心がとどまり、動かないような状態になったりするのは、傾注であり、執着であり、悪い心の使い方なのです。

精神統一とは、心が心の対応するものにとらわれるのではなく、心にそれらを完全にとらえる（捕捉《ほそく》する）ことです。それではどのようにすれば、そうした統一、すなわち集中の状態に心を移行することができるのでしょうか？

まずは、どんな場合、どんな事物に対応するにも、「常に意識を明瞭にして接する」ことです。わかりやすく言えば、「いつも、はっきりした気持ちで物事に接する」ことです。この点について、中村天風は講演で次のように解説しています。

「何をするにも、はっきりした気持ち、心持ちで物事を行うと、いつとはなしに心が曇らなくなる。精神生命の可能率が促進されるからである。はっきりとした気持ちで物事に接するようになると、もの覚えが非常によくなる。記憶力が優秀になるのである。もの覚えが悪い人間は心を使う時に、意識が明瞭でない。そういう人は得てして忘れっぽい。理想から言えば、直感的に物事を受け入れて、それが永久の記憶になると良いのである。常に、はっきりした気持ち心持ちで、諸事万事に応接しなければならない。はっきりした気持ちとは、何ものにもとらわれない気持ちである。いささかも雑念妄念がない気持ちが、はっきりした気持ちである。その気持ちをそのまま持続するためには、何をするにも、気を込めて物事をやる習慣をつけることである。迂闊に物事をしないことである」

「迂闊に物事をしない」ということが、意識を明瞭にするための最良の手段です。そして、はっきりした気持ちを長く持ちこたえるようにするには、気を打ち込んで物事を行うことです。つまり、気が散らないようにするのです。気が散ることぐらい、心の力を鈍らせることはありません。

平素、何事に対しても気を打ち込み、気を散らさず、澄み切った気持ちで行う習慣がついている人は、どんな難問に遭遇しても、すべての物事をてきぱきとかたづけることができます。こういう気持ちのことを「不即不離」と言います。これは「つかず、離れず」という意味です。何事に対しても執着してはいけないし、離れすぎてはいけないのです。物事にくっつきすぎると、心はそのほうへ持っていかれてしまいます。「忙しくて目が回る」というのは、心が外のものにとらわれていることを表現した言葉です。

繰り返しになりますが、「集中」とは、心が、現れたものを、そのまま心に取り入れることなのです。ものにとらわれ、自分の心が向こうへ持っていかれた状態は「傾注」です。心を傾注ではなく集中して使うことが肝要です。

そしてもう一点、心の使い方で大切なことが**「注意の転換」**です。

固着系の心の使い方は、心が対象にこびりつき、動きがとれなくなっている心の状態であると、前項で説明しました。そんな固着系の心の使い方を改善する秘訣は「注意の転換」にあります。転換と分散は違います。「分散」は他からの刺激で注意が散らされることです。それに対し「転換」は、自らの意思で注意を他に振り向けることを言います。このように自らの意思で注意を転換することを**「有意転換」**と言います。

有意転換の訓練のコツは、日常生活の中で、心に「切り上げ」「割り切り」「切り換え」などのけじめをつけることです。

たとえば、悲しい出来事が発生したような場合に、多くの人々はしみじみと泣き、いつまでも消極感情の中に溺れがちです。

厳しいことを言うようですが、そのような時も、「いつまで悲しんでいるのだ。ここらで、きっぱりと切り上げるのだ」と自分自身に言い聞かせることが重要です。切り上げの自己暗示を試みているうちに、消極感情は次第に治まってくるものです。また、仕事や物事で失敗をした時も、そのことにとらわれていて転換ができずにいると、現在、只今のことが疎《おろそ》かになりがちです。一つの失敗にクヨクヨせずに、ある時点できっぱりと割り切り、心を切り換えていかなくてはなりません。

　確実に注意を集中し、けりをつけたら確実に転換し、そこでまた確実に注意を集中するといった心の使い方が、効率の良い心の使い方なのです。

4 精神統一――日常の練習方法

宗教や武道、あるいは芸能や芸術、スポーツの世界においても、精神統一はその道の奥義を極めるのに必要な心の使い方であるとされてきました。また、それぞれの分野において精神の統一とは、血のにじむような努力、精進、難行苦行によって、ようやく会得できるものだと考えられてきました。

それほど困難とされた精神統一の心を、日常生活において、もっとたやすく修得できる方法を中村天風は考え出しました。それは**「日常、どんな些細なことでも明瞭な意識で処理する習慣をつける」**ことです。前項でもお話したように、どんな小さなことでも、はっきりした気持ちでやる「クセ」をつけることなのです。朝から晩まで、絶えず移り変わる外界の事象や、心に湧き起こる種々の感情、思考を処理する際には、常に心がはっきりその対象をつかんでいれば、巻き込まれたり、他にそれたりはしないということです。

ところが、日常生活の中で、私たちの意識が不明瞭に陥りやすい場合があります。とくに、(1)心の急《せ》くことをする時、(2)あまり興味がないことをする時、(3)あまり価値がないと思うことをする時、(4)慣れたことをする時――これらの状態にある時は、観念が分裂し、心が当面の対象から離れて精神不統一の状態を招くことが多いのです。

したがって、この四つの場合に、とくに気をつけて「明瞭な意識」を保つようにしていると、いつの間にか、どんな時でも精神を統一する理想の状態に近づくことができます。これが精神統一のもっとも簡単な練習方法だと言えましょう。

（1）心の急くことをする時

こういう時は、結果のみに心が奪われ、落ち着かない気分に陥りがちなため、意識の明瞭さが薄れてしまいます。「急いては事を仕損じる」ということわざもありますし、「急がずば、ぬれざらましを旅人の、後より晴るる野路の村雨」「もののふの、矢走の渡し近くとも、急がばまわれ瀬田の長橋」といった古歌もあります。要は、急ぐ時こそ、いったん心を落ち着け、目の前のことを一つずつかたづけていくように心がけることです。

（2）あまり興味がないことをする時

この場合、心が他のことに移ろいやすくなります。囲碁に熱中している人のかたわらで、囲碁に興味を持たない家人が眠くなって、欠伸《あくび》をしている姿などはよい例です。古歌にも「心ここにあらざれば、見れども見えず、聞けども聞こえず」、あるいは、「面白きこともなき世を面白く、住みなすものは心なりけり」というものがあります。人生を上手に生きるこつは、好奇心を持つことです。精神統一を志す者は、興味のないものの中から、興味を見出すことに努める心がけが肝要です。

（3）あまり価値がないと思うことをする時

このような場合も、心はその事柄から離れ、分散しやすくなります。そもそも、その物事に価値があると思うか否かは主観的な問題です。ある人にとって価値があるものも、他の人にとっては価値がないということは、よくあることです。

ある事柄を価値がない、つまらないものと思った場合には、「そこに価値があるのではないか」と、考え直してみるようにしましょう。その中から何かしらの価値を発見することができれば、興味も湧き、心を集中することができます。再考してみて、やはり何の価値も見出せないと思った時でも、「その事柄を行うことが、自己の精神統一の修練だ」と考え、はっきりした明瞭な意識で対応するようにしましょう。

巌流島で佐々木小次郎との試合を終えた宮本武蔵は、その後、面会した細川忠興公から、次のように尋ねられました。「あなたはこれまで数十回の試合を行って、ただの一度も敗れたことがない。いったい、あなたは本当に強いのか、それとも今までの試合の相手が、幸いにも、みなあなたより弱かっただけなのか？」。それに対する武蔵の答えはこうでした。「私は自分を強いとも、弱いとも思ったことはありません。ただ、どんな相手にも渾身《こんしん》の力をもって戦っただけです」

また、発明王のエジソンは、「偉大な発明や重大な真理の発見というものは、何でもないと思われる小さな事柄の中に、じつは多く存在している」と語っています。

（4）慣れたことをする時

慣れたことをする時は、それほど心を集中しなくてもできるため、ついつい気がゆるみ、気持ちがいい加減になりやすく、意識明瞭を欠いたあげく、失敗しやすいのです。俗に、「河童の川ながれ」「猿も木から落ちる」などといった状態です。そういえば、乗馬や自転車、あるいは車の運転なども、よく乗りこなせるようになった時が、もっとも危険だと言われます。

いにしえの教えにも「いつも初心の時と同じ心持ちにて行わば、手に入りしことにても失策することなし」と言われています。これは「初心忘るべからず」ということわざと同様、慣れたことをする際の大切な心がけです。

要するに、日常、どんな些細な事柄にも、すべてに気を込めて、真剣の心持ちで事を行う——この一言に尽きます。

「そんなにいつも心が張りつめた状態でいたら、ひどく疲れてしまいそうだ」と考える方がいるかもしれません。しかしながら、元来、心というものは、その時その時、その瞬間に直面する事柄を処理するために天から与えられたものであり、心は「一時に、一つのことに集中して」使ったほうが、精神的疲労は少なくてすむようにできているのです。

このような心の持ち方が習慣になると、どんな大事や困難に出会っても、我を失うということがなくなります。そして明瞭な意識で、てきぱきと対処できるようになっていくのです。

5　精神統一の効果

常時、精神を統一できるようになると、種々の有益な効果を得ることができます。心の使い方が能率的になり、雑事に気が散ることもなくなるために、仕事の能率が向上します。仕事を処理するのに必要な時間も大幅に短縮されます。もちろん仕事ばかりでなく、日常のあらゆる事柄に対しても効率よく処理することが可能になります。

精神統一のメリットとしては、（1）記憶力の増進、（2）心機転換の上達といった効果も期待できます。

（1）記憶力の増進

明瞭な意識で物事に対処する習慣が身につくと、常に対象を確実に把握するため、その印象は実在意識を通じて潜在意識にしっかりと刻み込まれます。したがって、記憶の構成要件である強度の印象づけが行われるので、これらの記憶を容易に実在意識へ再生することが可能です。こうして確実な記憶を豊富に蓄えることができ、自分でも驚くほど目覚ましい記憶力の増進が実現されます。

一般に、年を重ねると、もの覚えが悪くなると言われますが、これは加齢による記憶力の減退だけが、その原因のすべてではありません。明瞭な意識で物事に応接する習慣がないために、記憶力が弱まっていったと解釈することもできます。

たとえば、自分が若いころのことは何でも思い出せるのに、最近のことをほとんど思い出せない高齢者の方がいます。もしも単純に記憶力が減退したのであれば、過去にさかのぼるほど、思い出せなくなるはずです。これは、記憶力の減退だけでなく、心の使い方が間違っているため――と考えられるわけです。

(2) 心機転換の上達

その時その時に応じて直面する事柄に心を向ける方法が熟達すると、心機転換、つまり、心の切り換えが上手になります。何かをきっかけとして、心の働きをより良い方向へ向けることを心機一転と言いますが、日ごろから、心の積極化と心の転換を心がけている人は、この心機転換の妙を体験できます。本能や感情、あるいは怒り、怖れ、悲しみといった消極心に振りまわされることなく、いつでも心を自主的に、自分の望む方向へ振り向けることが可能になります。

心の集中、転換がうまくなると、離《はな》れ業《わざ》のようなこともできるようになります。

聖徳太子が、七人の話を同時に聞き、それぞれに適切な回答を与えたというのは有名な話ですが、これは注意の集中と転換を確実に行っていたのだとも考えられます。

じつは中村天風にも、この注意と転換を同時に行ったというエピソードがあります。

天風師が存命だったころ、天風会員のための相談日というのがあって、会員は一人五分以内という制限のもとに天風に面会することができました。ある会員が部屋に入ると、天風はタイプを打っていました。仕事が終わるまで待とうと思い、会員が黙っていると、「早く用件を話しなさい」と天風が言います。「こみいった話ですから、タイプの仕事が終わられてから話します」と返事をしても、「手は忙しいが、耳は開いている。早く言いなさい」と催促されました。そして、「すごくむずかしい問題を質問したのに、天風先生は的確にお答えになられたうえ、同時にタイプの仕事もミスひとつなく打ち上げられた」と、その会員は、その驚きを書き残しています。同様の経験を何人もの人が証言しています。

私たちも、自動車の運転の習い始めはハンドルにしがみついていますが、慣れてくると、注意の集中と転換ができるようになってきます。信号や標識を確認しながら、同時にハンドルを切り、アクセルとブレーキを操作します。さらに慣れてくると、運転中に同乗者との会話も楽しめるようになります。自然に、上手な心の使い方を身につけているのです。

第六章

身体の活かし方と使い方

1　真理の中に生命を活かすための生活態度

幸福で正しい人生を送るために、精神生命（心）がどれほど重要な役割を担っているかということについては、前章までに述べてきましたので、十分に理解していただけたことと思います。しかし、精神生命を重視しても、肉体生命（身体）を軽んじていては、理想的な人生を築くことはできません。心を心の道（法則）に従わせ、肉体を肉体に備わる道（法則）に従わせて生きてこそ、文字どおり心身一如の人生を送ることができます。心と身体を統一して生きることで、はじめて命の「長さ」「強さ」「広さ」「深さ」が完全に調和するのです。

最終章では、肉体生命を活かすための生活態度について要点を述べていきたいと思います。具体的には次の二点です。

（1）「自然法則」に身体を順応させる
（2）心だけでなく、訓練次第で肉体も積極化できる

（1）「自然法則」に身体を順応させる

ここで言う自然法則とは、自然界を支配している理法、つまり「摂理」のことです。

宇宙は、正確な法則のもとに動いています。「地球は約三六五日周期で太陽の周囲を回る」「太陽は東から昇り、西に沈む」「春に芽吹いた花が秋に実をつけ、冬には枯れて土に還る」など、これらはいずれも、厳格に定められた自然法則と言えます。

私たち人類が住んでいる地球自体も自然の力でできた自然物です。その地球に生まれた私たち人間も当然、自然物の一つです。この自然界に存在する自然物は、万物が自然法則の支配を受けます。太陽や月、惑星、銀河系の星々から、地球上の花や草木、鳥や昆虫、細菌にいたるまで、あらゆる現象界の物質の一切は、有機物も無機物もすべてが、この自然法則の支配を受けているのです。

人間も自然物である以上、この法則の支配を受けており、したがって、私たちが生きがいのある人生を送ろうと欲する場合は、この自然法則を守り、これらの法則に従う形で正しい生活を送らなければなりません。人間がこの法則に反すると、やがて病となり、肉体の生存確保が困難となり、ついには死に至ってしまうことになるのです。

（2）心だけでなく、訓練次第で肉体も積極化できる

私たちは、訓練によって、精神と同様に自らの肉体をも積極化することが可能です。では、なぜ肉体の積極化が必要なのでしょうか。それは人間の体内、体外の生活力を増進させ、病的刺激に対する抵抗力を強くするためです。

私たちの精神生命が暗示だらけの世界に置かれているのと同じく、今日の私たちの肉

体生命は各種の病的刺激の中で生きていると言えましょう。どれほど科学や医学が進展しても、病的刺激を根絶することはできないどころか、時代が進むにつれて新しい病が発生します。

そのような環境の中で肉体を健康に活かすためには、これらの病的刺激を跳ね返すことができるような強い抵抗力を、肉体自身に持たせることが不可欠です。

それではなぜ、肉体の積極化を行うと病的刺激に対する抵抗力が強くなるのでしょう？

それは「適応作用」という特殊な作用が肉体にあるからです。

この適応作用を、生物学では次のように定義しています。

「適応作用とは、同一の刺激が、同一の局所にしばしば規則正しく与えられると、その局所に刺激に対する反応が生まれ、やがて、刺激に適応するように、その局所が実質および形態を変化させる作用である」

登山家やマラソン選手が強靱《きょうじん》な健脚を備えているのは、訓練によって脚に同一の刺激が規則的に与えられ続けた結果です。この作用のおかげで、私たちが、常に肉体の積極化を目的とした生活を送るうちに、病的刺激に抵抗できる理想的な強さを備えた肉体を持つことができるようになります。

図7は、人間の生命の一般的な推移を示したものです。人は二五歳までは発育期であり、成長を続けます。二五〜四〇歳ごろまでが壮年期と呼ばれ、安定した活動期です。そして、通常は四〇歳ごろから老化期が始まります。しかし、肉体を自然法則に順応させ、積極化の訓練に努めれば、発育期を充実させ、壮年期を延長させ、老化期を遅らせることができます。その結果、長い命――すなわち長寿を享受できるのです。

図7　人間の生命の推移

2　皮膚を強くし、万病を予防する

私たちは常に病的刺激の中で生活しています。この病的刺激から身体を守るためには、肉体を積極化し、病に対する抵抗力をつける必要があります。そのためには、まず、**皮膚の抵抗力を養う**ことが肝要です。

周知のとおり、原始時代の人類は、今日の人々のように衣服を身につけていませんでした。文明の進化とともに、人間は衣服を着て生活するようになりました。

ここで注目すべきことがあります。それは皮膚と空気の関係です。私たち人間の身体を包む皮膚は、肺と同じように、常に相当量の空気を必要とします。皮膚もまた呼吸作用を行い、体内の酸化物を排泄すると同時に、少量ではありますが空気中の酸素を吸収するからです。

この皮膚の呼吸作用を促進するためには、なるべく多くの皮膚が空気に接触するのが望ましいのです。そのためには、日ごろから薄着を心がける習慣をつけることです。また、皮膚に密着するような衣服は避けます。シャツや肌着は木綿のものを着けるとよいでしょう。毛の肌着は皮膚呼吸を害します。

風邪は万病のもとと言われますが、身体が冷えたから風邪をひくのではありません。風邪をひくのは、皮膚の抵抗力が弱っているからです。いつも海水につかっている海女《あま》さんはめったに風邪をひかないとされています。皮膚呼吸を増進し、皮膚に抵抗力をつけるためには、やはり薄着をすることがいちばんなようです。とくに室内にいる時は、できるだけ薄着でいる心がけが大切です（もちろん、「寒い冬も薄着でいなさい」と言っているわけではありません。外が寒い季節に外出する際には、暖かい格好をして良いのです）。

「皮膚を空気に直接さらす」以外にも、皮膚を強化する方法があります。たとえば皮膚を直接こする、いわゆる「摩擦《まさつ》」です。皮膚の摩擦は血液循環を促進すると同時に、肉体内部の細胞や臓器の生活機能を活発にする働きもあります。

摩擦は手のひらで行ってもいいのですが、フランネルのような布か（いわゆる乾布摩擦ですね）、亀の子たわし、あるいは毛のやや硬い目のブラシなどを用いるとさらに効果があります。なお、少しぐらい熱があっても、軽い摩擦は差し支えありません。

また、お風呂から出る時に冷水を浴びるのも有効です。風呂上がりに冷たい水を二、三杯浴びるか、もしくは冷たい水でシャワーを浴びます。通常、お湯で温められた身体の細胞は緩んでいます。冬などはそのまま出てくると、湯冷めをしたり、風邪をひいたりする原因にもなります。冷水を浴び、緩んだ細胞を引き締めることによって、このような湯冷めや風邪は防止できます。この「水浴び」は、夏から始めると、一年中続けることができるようになります。一度この方法を習慣づけると、何とも言えない浴後の爽快感を味わうことができ、やめられなくなるものです。

ちなみに、皮膚には呼吸作用や排泄作用、吸収作用の他にも、以下のようないろいろな機能があります。

①防護作用……外部からの圧力や衝動から身体を保護する
②感覚作用……外からの刺激を感じ、感覚神経を通じてそれらを脳へ伝える
③体温調節作用……温点、冷点といった皮膚上の感覚点を活用して体温を調節する
④ビタミンDの生成……太陽光線を吸収し、ビタミンDを生成する。ビタミンDが欠乏すると「くる病」などの原因にもなる
⑤栄養（脂肪）貯蔵……皮下に脂肪などの栄養分を蓄える

私たちが積極的訓練化により皮膚を強くすれば、これらのすべての機能を強化することが可能になります。

3　「食べ物」についての諸注意——植物性のものを食べる

昔のことわざに「わずらいは口より出で、病は口より入る」というのがあります。すべてではありませんが、たしかに、病は「口」から入ることが多いのです。つまり、食べ物が疾病の原因をつくることが少なくありません。

食物が命の炎を燃やす燃料である以上、食物が良いか悪いかで肉体生命の耐久力は左右されます。ところが、世間の多くの人々は、この大切な食物を「自分の食欲を満足させる」という点にのみ重点を置いて、自分の好きなものだけを食べようとする傾向があります。

幸い自分の好きな食物が健康に良いものであればよいのですが、健康に有害な影響を与えるものである場合は、注意が必要です。

それでは、どのような食物が健康によい、すなわち正しい食物なのでしょうか。結論から言えば、**人間にとっては植物性のものこそが「正しい食べ物」なのです。**食物は、常に植物本位であることが健康で長生きするための秘訣です。その反対に、動物性のものは、その効果よりも副作用の害毒のほうが大きいと言えます。この点について、中村天風は著書『真人生の探究』の中で、おおむね次のように説明しています。

――人間は命を燃やす燃料を供給するために食物を食べるが、その食物によって、まず、血液が作られる。「血は命なり」と言われるとおり、生命維持に直接必要なのは血液である。だから、生命の健康を強化するには血液が純潔でなければならない。ところが動物性の食事はこの血液を不純潔にする。血液は常に弱アルカリ性でなければならないが、動物性の食事を重点的に摂取すると血液は病的アルカロージスという不純潔なものとなり、さらに、その程度が進むとアジドージス（血液酸毒性）となって、健康に害を及ぼすことになる。その原因は、プトマイン・トキシン（動物の体内に存在する中毒性物質で、屍毒と言われる）や、または、蛋白質を分解する際に生じる副産物質である尿素および尿酸ならびにその他の付随物にある。血液がアジドージスになると、各種の病的刺激に対する抵抗力が減退し、その結果、病弱体となったり、早死にしたりする――。

動物性食物を食べすぎた場合には、次のような不調和が肉体に生じます。

①筋肉運動に耐える力がなくなり、早く疲労感を覚える
②消化状態が悪く、便通が悪くなる
③風邪をひきやすい
④感情が興奮しやすくなる
⑤神経痛、リウマチにかかりやすい
⑥血圧を高め、動脈を硬化し、老衰を早める

⑦湿疹《しっしん》や悪性の腫れ物ができやすい
⑧蚊などに刺されやすい

肉体生命の健康を願う人は、動物性の食事はできるだけ少なくし、植物性の食事を多く摂取するように心がけましょう。年齢を経るにしたがって、植物性の食事の割合を動物性食事よりも多くすることが大切です。

年齢による植物食と動物食の割合の目安としては、次の表をご参照ください。

図8　植物食と動物食の割合の目安（年齢別）

年齢	植物食と動物食の割合
40歳まで	5：5
40〜60歳	7：3
60〜80歳	8：2
80歳以上	9：1　または　10：0

4 なぜ肉食は健康を害するのか？

生物学的に言うと、地球上に存在する動物は、その食事の種類によって以下の四種類に分類できます。

①肉食動物
②草食動物
③果食動物
④混合食動物

それでは人間は、このうちのどれに該当するかというと、身体組織上や消化器官の構造から見て、じつは③の果食、つまり果実を主食とする生物なのです。

米国の心霊哲学者カーリントンは、人間の果食の効能について「①精力を増進させ、②頭脳を明晰にし、③長時間の勤労に耐え、④睡眠を短時間にし、しかも深くする」と説きました。中村天風も、インド修行の体験から、この説に大いに賛同しています。そしてその理由として**「果食は血液を純潔にして、体内の活力を減らす原因になる毒素の発生を極めて少なくする」**からだと述べています。

どんな食事でも大なり小なりの毒素を体内に発生させますが、とくに動物性の食事は毒素が多くなります。天風はこれを自らの身体で実験しました。まずは三ヵ月間、野菜ばかり食べて生活し、次の三ヵ月間は果物ばかりを食べて生活しました。さらに、三ヵ月間、今度は肉や卵などの動物性の食事で生活しようと試みたところ、途中で体調が悪くなり、中止したと報告しています。果食で生活している時がもっとも体調がよかったと、講演でも述べています。

なぜ、このような結果になったのでしょうか。そもそも生物は、外から摂取した物質を合成・分解してエネルギーや老廃物に変える、いわゆる新陳代謝という作用を行っています。この代謝の過程で、大なり小なりの毒素が体内に発生します。

毒素は常に、全身の血液やその他の組織の中に存在しています。もちろん、人間ばかりでなく、すべての動物の体内には毒素が存在しています。動物の肉を食物として体内に取り入れれば、その動物が持っていた毒素はそのまま食べた人間の体内に入り込んでしまいます。しかも動物の肉は、いくら焼いたり煮たり加工したところで、残念ながら、その毒素を取り除くことはできません。

動物性の食物は蛋白質を豊富に含むため、滋養になるといって、動物性の食事を好む人がいますが、これを多量に食べると、自分の体内にある従来の毒素に加え、これらの動物の体内毒素まで取り込んでしまうため、たちまち健康に悪い影響を与えることになります。

もう一点、付け加えておくと、現在の人々が食している動物性食、とくに牛肉や豚肉、鶏肉は、これらの毒素をふんだんに含む、第三腐敗期の腐肉にほかなりません。

私たちの食卓にあがる肉は、当然ながら、その動物を殺《あや》めたものです。動物が死ぬと同時に血液の循環が止まりますが、すると、その肉は第一腐敗期に入ります。この時期の肉は味が美味しくないため、ほとんど食べられることがありません。それからしばらくすると第二腐敗期に入ります。この時期は、その死肉が硬直状態となり、固くて食べられません。人々が好んで食べるのは、硬直状態が終わり、死肉が軟らかくなった、第三腐敗期なのです。体内の毒素は腐敗期が進むにつれて増加していくため、この時期の肉にはすでに大量の毒素が含まれていることになります。

ライオンやトラ、あるいは犬、猫といった肉食動物には、こういった腐肉の毒素を中和し、無毒化にする能力が生まれた時から備わっています。しかし、人間にはそのような能力はありません。したがって、多量の毒素を含む腐肉を大量に体内に取り入れる行為は、人間の身体にもたらす効果よりも、身体に与える害毒のほうが大きくなってしまうのです。

5　正しく楽しい食事は健康・長寿の源

(1) 粗食と美食……美食、加工食を避け、粗食に徹する

そもそも、粗食と美食のどちらのほうが栄養があるかというと、意外なことに美食には栄養効果が少なく、むしろ粗食のほうが健康には良いのです。というのも、一般的な美食は食品が過度に調理されるため、必然的に養分が失われてしまうからです。野菜など、生で食べられるものは、そのまま加工せずに果物と同じように食べるのが理想的です。

現代人の食事は、本来の目的である肉体の回復よりも「食欲を満足させる」という、享楽的な目的で調理されています。だから現代人の食事は自然のものが少なく、不自然なものが多いのです。その結果、食物本来の滋養分が失われるとともに、美味に食欲が誘惑され、どうしても食べすぎることになります。それゆえに美食家は、無病、長寿どころか、多病、短命に終わることも多いようです。食事はできるだけ「生」「植物食」を心がけましょう。

(2) 嗜好《しこう》と成分の関係

一般に、好き嫌いが多い人の中には身体の弱い人が多いようです。しかし、そのような人にも、たとえ滋養物であっても本人の好まないものを無理に食べさせてはいけませ

ん。人間は自分の肉体に欠乏する成分を含む食事を好み、自分がすでに十分保有する成分は好まない生き物だからです。この「成分」というのは炭水化物や蛋白質、脂肪といったものではなく、科学的にまだ解明されていない未知の成分です。たとえば、ある人がナマコやウニが好きな場合には、この人はナマコやウニの中にある霊妙な未知の成分を欲しているのです。その証拠に、いくら好きなものでも多量に食べ続けると嫌になります。それは肉体が要求している成分が十分に供給されたためなのです。

自分の好きなものを食べると、神経作用が直ちに消化機能の作用を促し、その食事を十分に消化吸収することができます。逆に、嫌いな物を食べても身体が受け入れません。だから、どんな滋養食品でも本人が好まないものは、無理して食べさせるべきではないのです。病弱者は、できるだけ好きなものを食べることです。しかし、だからといって、動物性の食事や、アルコール類および糖分は過量に摂ってはいけません。

（3）咀嚼《そしゃく》の大切さ

どんな食物でも十分に咀嚼――よく噛んでから胃へ送りましょう。現代人に胃腸の弱い人が多いのは、咀嚼を十分に行っていないからです。これは比較的軟らかいものを多く食する機会が増えたため、そして食事の時間が短縮化しているためだと考えられます。

よく噛まずに食物を胃に送ると、次のような弊害があります。

①唾液が十分に食物に混入しないため、澱粉質《でんぷんしつ》の消化が不完全になる

②消化器官内の消化に必要な各種の分泌液の分泌作用が完全に促進されない
③半咀嚼の場合には、ややもすると食べすぎになる
④不完全咀嚼が習慣になると、嚙まなくてもよい軟らかいものを多く食べるようになり、野菜や穀物や果物といった、咀嚼を要する食物を食べないようになる。そのため、腸内の発酵率を高め、腸の自家中毒を引き起こしやすくなる
⑤歯や顎をあまり使わなくなるため、その部分が退化し、歯槽膿漏などの歯の病気にもかかりやすくなる

また、食物の咀嚼が不完全だと舌の機能を十分に発揮させないことになってしまいます。舌は、口の中に入ったものが良い食物か悪い食物かを吟味する大切な役目をします。悪い食物をそのまま胃腸へ送り込むと、下痢やカタル性の病に侵されやすくなります。咀嚼が不完全な不良物質が血管に送られると、血液は不純潔になります。血管の中には不純潔な血液を選別する機能がないので、脳から足の先まで不純潔な血液が循環することになります。そのような人の頭脳は明晰ではなく、また肉体も健康ではないのです。

では、咀嚼はどのように行うべきなのでしょうか。食物を飲み込むことはせず、「知らず知らずの間に、自然とのどに入っていく」くらいまで嚙み続けるのが理想です。このことをヨガでは次のように述べています。

「食物を口の中へ入れたら、それが咀嚼とともに次第に溶解し、ついに無意識的に、そ

の食物が胃の中へ流れ込むまで噛みなさい。そして、その食物に味わいのある間は、まだ、その中に分離吸収されるべき活力素が残っているのだから、その味わいが感じられなくなるまで咀嚼しなさい」

このような習慣がつくと、とくに珍しい食べ物でなくても、たとえパンの一片、お握りの一個でも、何とも言えない美味しさを感じるものです。現代の人々が、食物に対して贅沢で味覚を刺激するものばかり欲しがるのは、咀嚼が不完全なために、真にその食物の味わいを味わうことができないからかもしれません。

このような食事法を行っていると、きわめて少量の食事の中からでも、驚くべき精力と栄養を摂取することができるようになります。そして、すべての食事が感謝すべき天からの贈りものと自覚できるようになっていきます。

(4) 食事の分量について

「腹八分に医者いらず」ということわざもあるように、腹八分目を基準とするのが理想です。中国のことわざにも「食細くして命長く、食太ければ命短し」というのがあります。

食欲を満足させるために、ついつい美味しいものを多量に食べる人を多く見かけますが、周知のとおり、成人病の原因の大半は過食や美食によるものです。

食べすぎが習慣になると、胃拡張になり、いつも身体が真に要求する以上の食物を食べないと満腹を感じないという、不経済な身体になります。平素から必要以上に多く食べているとと胃腸は余分な力を費やし、栄養分も十分に吸収されないまま排泄されます。その結果、少しでも空腹を覚えると、すっかり力が抜けたようになってしまうのです。

これに対し、日ごろから小食の習慣をつけると、いつも頭脳は明晰、身体は軽快になる上、なんとも言えないさわやかな生きがいを感じるようになります。

小食の習慣をつけるために、中村天風は次の二つを掲げています。

①できるだけ咀嚼を完全にすること

②二食主義を励行すること

①については前述したとおりです。②の二食主義（朝食と夕食の二食）については、昔から日本人は二食であったことに由来します。昼食が習慣化したのは、徳川吉宗公が世を治めた享保年間以降だと言われています。享保より前の元禄時代に精米技術が発達したおかげで、白米が広く普及するとともに、庶民が三食を食べるようになったのですが、それまでの玄米食から白米食になったため、「江戸わずらい」、すなわち脚気《かっけ》が大流行したという記録も残っています。伝統的な日本の食事——玄米などの穀類、季節の野菜、海草や魚介類——とともに、二食主義を実行してみるのもいいかもしれません。

（5）「理想的な食生活」チェックリスト

最後に、理想的な食生活を送るためのチェックリストを次に示しておきます。入念に検討し、実行するようおすすめいたします。

図9 「理想的な食生活」チェックリスト

①	動物性食物を食べすぎていないか?
②	脂肪類を摂りすぎていないか?
③	果物や野菜を十分に食べているか?
④	日に一度くらいは、生の植物性のものを食べているか?
⑤	みだりに加工変形し、濃厚な味付けをした 贅沢な料理を食べすぎていないか?
⑥	極端に熱いものや冷たいもの、 あるいは、刺激の強いものを食べすぎていないか?
⑦	十分に咀嚼し、落ち着いて食事をしているか?
⑧	真に空腹を感じてから食べているか? 食欲にまかせて食べすぎていないか?
⑨	いつもニコニコと機嫌よく、感謝しながら食事をしているか?

6　四大《よんだい》（日光、空気、土、水）を利用して、真の健康を獲得しよう

「四大」とは日光、空気、土、水のことで、かつて中国ではこれを「四天《してん》」と呼びました。四大は人間の健康を保持する上での四大要素として尊重されています。地球上の生物はすべて、これらの四大の力と作用によって生かされています。この四つの資源の活用の仕方によって、私たちの健康は大きく左右されると言っても過言ではないのです。

（1）日光の利用法

日光すなわち太陽光線は、それぞれ光の波長が異なる赤、橙《だいだい》、黄、緑、青、藍《あい》、紫の七色の光線が統合されたものです。このほかに、赤色の光よりもさらに波長が長い赤外線と、紫色の光よりもさらに波長が短い紫外線とがあります。赤外線は赤色の光線よりも強烈な熱作用を持つため「熱線」、そして、紫外線は紫色の光線よりも、はるかに強力な化学作用があるために「化学線」とも呼ばれます。

日光が人体に及ぼす影響の中で、いちばん大きなものがこの紫外線による化学作用です。たとえば、化学作用の中には強烈な殺菌力があります。また、紫外線には怪我や腫れ物の回復を迅速に行う自然療能力があります。外科的手術の後で日光による光線治療

を行うと、皮膚の治りが早かったりするのは、そのためです。

さらに、太陽光線を浴びることでビタミンDが生成され、赤血球の増加も促進されます。このほか、皮膚呼吸、皮膚の分泌など、各種の生理作用を増進する効果もあります。私たちは日光の当たるところへ行くと何となく気分が爽快になりますが、これは太陽光線の色彩が精神に影響するためです。

ただし、注意しなければならないのは、一度に長時間、太陽光線の直射を受け続けることは好ましくないということです。身体によい太陽光線も、長時間浴び続けると、血液を酸性化して、やがてアジドージス（血液酸毒性）に変化させてしまいます。したがって、日光浴は短時間ずつ、回数を多く行うのが理想的です。

（2）空気の利用法

空気の健康上の重要性は「血液の浄化」という点にあります。体内を循環する血液は動脈内を流れる時には新鮮ですが、いったん静脈内に入ると細胞内の老廃物や不純物が混入し、汚れていきます。この汚れた血液をそのまま体内に循環させると健康に障害をもたらすために、生物は空気（酸素）によって代謝を行い、血液を浄化しています。

健康増進のためには、身体への空気の吸収量を増やすように努めることが大事です。深呼吸は頻繁に行い、皮膚を空気に接触させるために、なるべく薄着にしましょう。室内では換気を入念に行うように心がけましょう。

（3）土の利用法

地球上の生物は、すべて土の恩恵を受けて生きています。私たちが食べる植物性食品の多くは土の恵みによってもたらされるものです。人間は土から、ミネラルをはじめとする多くの活力や、生命力の源のようなものをたっぷりといただいています。ですから、私たちは、日ごろから土ともっと直接親しむべきなのです。

まずは素足で土を踏んでみましょう。土がどれだけ健康に良いかは、ちょっと裸足で地面に立ってみるとわかります。足の裏が地面につくと同時に、なんとも言えない心地よさを感じるものです。芝草の上に身を横たえる時も同様で、たいへん爽快な気分になれます。

中村天風はかつて、ドイツの山中でアドルフ・ジャストという人物が経営する「回春園」という療養所を訪れています。そこでは土を利用して、いろいろな病を患う人々を回復に導いていました。それは毎朝三〇分～一時間ほど、地面を素足で歩かせてから、冷水で足を洗うという治療法でした。当時の記録によれば、そのような治療を施すことで、病弱者の冷え込みがなくなったうえに、神経衰弱症の患者さんは半月ほどで完治したと言います。

土には優れた治癒能力があるので、進んで活用するようにしましょう。

（4）水の利用法

水の利用法には、入浴、冷水浴などの「外面的」利用と、飲み水としての「内面的」利用があります。

冷水を身体に浴びる冷水浴や、冷水による摩擦などには次のような効果があります。

①酸素の吸収と二酸化炭素の排出を促し、新陳代謝を促進する

②血液循環を良くし、消化などの体内の機能を良好にする

③皮膚を強くし、気候の変動やバクテリアなどに対する抵抗力を増す

したがって、事情の許すかぎり、水の外面的利用を心がけましょう。冷水摩擦は、時候の暖かいころから始めると、寒い時期にも続けられます。ただし、冷水浴は健康状態や適応性を確かめてから実行するようにしましょう（冷水浴後に爽快さを感じない人は行わないほうがよいでしょう）。湯による入浴は、蛋白質の分解作用を増進し、尿素の排泄を活発にし、新陳代謝を促進する効果があります。前述しましたが、入浴後に冷水を浴びる習慣をつければ、湯冷めの予防や、風邪に対する抵抗力を増強することができます。

続いて、水の内面的利用についても触れておきます。

これまで何度となくお話してきたように、私たちが健康に生きるためには血液の浄化に努めなければなりません。そのためには、植物性の食事を中心にすること、そして各

種の排泄作用を順調にし、便通を良好にする必要があります。この便通を良くするためには、果物をよく食べ、水をよく飲むことが何にも増して重要です。

人間の身体は、およそ七〇パーセントが水でできています。水は人間の体内で生命維持のために使用されると同時に、汗や尿となって体外へ放出されます。ですから、失われた分量の水をどんどん補給してあげる必要があるのです。この水分が体内に十分に補給されないと、私たちが食べた食物内の不要物質が体外へ排出されずに残るため、便秘に陥ることになります。言うまでもなく、便秘は私たちの健康を妨げる大きな原因の一つです。

「努めて水を飲用しなさい」というのはヨガの教えにもあります。ヨガの行者は就寝前に必ず一杯の水を、そして朝、目が覚めると、ただちに一～二杯の水を飲みます。そして毎食一時間～三〇分前にも、必ず一～二杯の水を飲みます。彼らは水を飲む時には、「よき健康と力を与えられ、神の理想に則した自然人たる要素を受け入れる」という観念を用い、積極的に飲むようにしています。

なお、水の正しい飲み方は、グイッと一息には飲み込まず、銘茶をいただく時のように、口の中でその味を味わいながら喉に流し込む——というものです。舌や口の中の各神経が水の中にある活力を吸収していく様子を感じることができます。

この飲み方は、疲労を感じたような場合にはいっそう効果があります。

7 「真健康建設」のまとめ

最後に、真健康建設（真の健康を築く）のための要点をまとめます。

第一章でも述べたとおり、身体・健康の構築にもっとも大事なことは、

①肉体内部の生活力を積極化すること

②肉体の外部抵抗力を積極的に強化すること

の二つの条件を満たすことです。そのためには、一にも二にも活力（ヴリル）を増進、充実させることを本位とする生活を送ることです。そしてそのためには、繰り返しになりますが「生活様式を自然法則に順応させ」、同時に、「肉体を積極化する訓練を行う」ことが肝要で、具体的には以下に掲げた八項目を実践する必要があります。

すでに述べた項目もありますが、もう一度、それぞれに簡単な解説を加えたうえで、この章のまとめとします。

（1）血液、リンパ液を純潔清浄にし、循環を促進する

このためには、何をおいてもまず、食物を自然法則に順応させることです。できるだけ動物食を少なくし、植物食を多く摂取することの重要性については、すでに述べたと

おりです。同時に、心の持ち方をいつも積極的にすることも忘れてはなりません。

（2）体内の老廃物の排泄を完全に行う

アルカリ性の食物、水、果物を十分に摂取し、適度な運動や皮膚摩擦を実行しましょう。また、排泄作用には精神状態も大きく関係します。感情が興奮しやすい人は下痢をしやすく、逆に、精神的な緊張は便秘の原因になります。学理的に言うと、交感神経の緊張が強いと胃腸の動きが弱まり、副交感神経の緊張が強ければ、胃腸の動きが活発になります。したがって、この両神経は常に均等でなければなりません。この点からも、精神生活が積極的で、安定しているに越したことはないのです。

（3）適度の睡眠をとる

睡眠は活力の復活に必要不可欠なもので、ある意味では、食事よりも大切と言われます。睡眠は不足しても、また、過ぎてもいけません。「このぐらい眠ると爽快だ」という具合に、自分に適していると思う睡眠時間を適度にとるようにしましょう。睡眠についての正しい心構えは次のとおりです。

①本当に眠くなってから就寝する

毎晩、時刻を定めて規則正しく眠りにつくのは、いつでも熟睡することのできる人の行うことで、時間を気にする必要はありません。とかく「眠りにくい」人は眠くなるまで就寝しないほうがよいのです。眠ろうとするとかえって眠れなくなるものです。

②催眠剤は断然使用しない

催眠剤は、どんなに副作用が少ないと言われるものでも、たびたび用いると胃腸、腎臓、心臓といった内臓ばかりでなく、大脳皮質にも麻痺的影響を与えます。最初の間は眠れるようでも、徐々に効果が弱まり、ついには頑固な不眠症に陥ることさえあります。

また、催眠剤によって熟睡したように思えても、目覚めた後には、自然の睡眠とは違って、なにか頭が重いような感じがするものです。これは中毒反応のためで、眠りと引き換えに生命の重要部分や大切な機能に大きな損害を与えることになります。

③眠れぬ時は、眠らぬまでと決意する

それでは、眠れない時はどうすればよいのでしょう? 極めて簡単です。「眠れぬ時は、眠らぬまで」と決めてしまうことです。人間は、いくら眠るまいと努力しても、絶対に眠らないということは生理的にできません。眠れなければ眠らないという決意で、いっそのこと、「自分は幾晩、眠らずにいられるか」を試してみるぐらいの気持ちでいましょう。

(4)適度の運動の実行

運動は軽い疲れを感じる程度のものが最良です。身体全体を均等に動かすものであれば、運動の種類を限定する必要はありません。運動は過ぎてもいけないし、不足してもいけません。一心不乱になってクタクタになるまで疲労するのは、健康どころか生命を減損することになるので控えましょう。格闘技など、一般的に激しいスポーツの選手の多くが短命なのも、運動が過ぎるためです。

(5) 性欲の適度調節

性生活については、昔から学者識者によって、濫用しないように、いましめられています。性は行いすぎるのもよくないが、抑制、禁止するのもいけません。適度の性生活は、体内の分泌機能の調和平衡を保つのに大いに役立つものです。虚弱な人や疾患のある人以外は、とくだん抑制、禁止する必要はありません。性欲に対しては、常に「満を持して未だ放たず」というのがいちばん妥当な心得です。

(6) 薬剤を含む、石油精製品に注意する

薬は病を治すためのものですが、無機的鉱物を薬剤にしたものは、その病に対する対症療法として一時的な効果はあっても、その副作用は永続的に私たちの健康を害する可能性があります。そもそも無機的鉱物から精製された化学製品などは、本来は身体内に入れてはならないものです。なぜなら、人の身体はこれらを容易に排泄できないからです。たとえば、現代医学の薬剤は石油を原料としているものが多く、石油は無機的鉱物ですから、これが体内に入ると、排泄されずに徐々に蓄積され、健康によくない副作用をもたらすことになります。無機的鉱物は極力体内に入れないほうが望ましいのです。

このことは食事についても同様です。化学調味料や人工の食塩は石油を原料とした無機的鉱物の場合が多いのです。食品を腐らせずに、長持ちさせるために付加される食品添加物にも石油からつくられているものがあります。薬物と同様、食品からも無機的鉱物を体内に入れすぎないよう、普段から心がけましょう。化粧品についても注意が必要です。たとえば整髪料は石油から作られているものが多く、かえって頭髪を害する場合が少なくありません。衣類を洗濯する洗剤も、合成洗剤は石油製品です。アレルギー体質とかアトピー性皮膚炎などと言われる症状は、合成洗剤に含まれる無機的鉱物が原因している場合が多いとされています。

（7）皮膚の抵抗力の養成

すでに述べたとおり、皮膚の強化は、ただ単に風邪の予防ばかりでなく、一般的な健康増進に効果があります。私たち人間は常に病的刺激の中で生活しているため、病に対する抵抗力を養成することは極めて重要です。

まずは皮膚を強化し、病への抵抗力をつけましょう。乾布摩擦や冷水摩擦を実行し、普段は薄着を心がけ、日光浴などを欠かさぬようにしましょう。

（8）心の持ち方を積極的にする

「心の持ち方」については、第一章でも述べたように、常に積極的精神をその生活態度とすることが必要です。いかなる場合にも、明るく、朗らかに、活き活きとした、元気に満ちた勇ましさを心に持ち、消極的感情に振り回されないよう心がけ、普段から生命の中に活力を豊富に保っておくことです。

——以上が真健康の建設と確立のための要諦です。

これらを現実に実行するためには「自制と自助」が必要です。自制心がなければ、人間はしばしば本能欲や感情・情念の虜《とりこ》となり、また、自助心が欠落していると何事も丹念にやり遂げることができません。昔から「天は自ら助くるものを助く」と言われます。

今日、健康に恵まれている人の中には、自分は死ぬまで不健康という暴風とは縁がないと思っている方々も多いのではないでしょうか。しかし、人生というのはそんなに安易なものではありません。いつ何時、病に襲われるかはだれにもわかりません。転んでから杖を探すよりも、「転ばぬ先に杖をとる」という賢明な人生を心がけてみてはいかがでしょうか。

みなさまが本書の各項目を実践され、幸福な人生を実現されるよう願っております。

編著者　あとがき

序章にも書きましたが、私は縁あって中村天風に出会うまでは、まったくのマイナス思考の持ち主でした。何事に対してもマイナス面から考え、人生を悲観し、死んでしまいさえすれば、すべてが解決できると信じる日々を送っていました。

そのようなマイナス思考は、子どものころからずっと持ち続けていました。小学校二年生の時に太平洋戦争が始まり、日常生活が非常に苦しい時代であったことも影響しているのでしょうが、私の父が消極観念の持ち主だったことにもその原因の一端があるように思われます。自営業を営んでいた父はたいへんよく働き、家族思いの良い父親でしたが、同時にとても苦労性、心配性な人で、何事も消極的にとらえるネガティブなタイプでした。

その父の影響を知らず知らずのうちに受けていたのでしょうか。私が中学校時代に作文を書いたところ、すぐに担任の先生から呼び出され、世の中の出来事を暗い方面からばかり眺めてはいけないと懇々《こんこん》と諭されたことを記憶しています。その思考傾向が高じて、大学時代には悲観哲学に心酔し、自らの命を絶とうとしたのはすでに記したとおりです。

しかし、中村天風師から心身統一法を教授され、マイナスからプラスへ思考方法を変えることによって、私の人生は文字どおり一八〇度転換することになりました。

二〇歳ごろまでの私は、昼間には消極観念の〝養成〟を、そして夜には観念要素の〝改悪〟を行っていました。ところが天風哲学に接してからは、その教えどおり「どんな時でも明るく、朗らかに、活き活きとして、勇ましく、積極的に」考え、行動できる自己を完成することだと自覚し、ひたすら心身統一法を行じるようになりました。

私の場合、それまではまったく逆の「消極的観念養成法」を実践してきたおかげで、いったんそれが悪いことだと気づくと、観念要素の更改も、積極精神の養成も見る見るうちに成果が現れるようになりました。そしてわずか半年か一年のうちに、どんなことが起こっても、楽しく、感謝すべき出来事のように思えるようになったのです。それまでは生きていることが嫌で辛くて仕方なかったのが、心身統一法を実践し始めてからは、生きることが楽しく、嬉しくて仕方なくなりました。その後は、人生に前向きに真剣に取り組むようになったので、学業も、就職してからの仕事も面白いほど成果が上がりました。

私は天風教義に救われました。だからこそ、中村天風から教わったすべてを実行しようといっそう固い決意で取り組むようになりました。心身統一法の「心」の部分――心の持ち方や使い方――についてはそれほど難しくは感じなかったのですが、身体の活かし方や使い方、とくに食生活についてはかなり苦心をしました。天風は私たち会員に対して、決して「菜食主義者になれ」と説いたわけではありませんが、ヨガの行者は生き物を一切口にしない、とよく話されました。

それなら私もそうしようと思い立ち、動物性蛋白《たんぱく》を一切口にしないことに決めました。

ところが、当時は戦後間もないころで食料は十分でなく、外で食事をする時にも政府から支給された「外食券」を持参しないと米の飯も食べられないような時代です。そのような時代に下宿生活を送りながら完全菜食をしようという試みは正直、並大抵のことではありませんでした。結局、私は完全菜食を一〇年以上続けましたが、今思えば、なんでそんなことができたのだろうと自分で自分に驚いてしまいます（七〇歳を超えた現在も、完全菜食ではないにしろ、動物性蛋白はできるだけ摂らないようにしています。今では年齢が年齢なので、それほど苦になりません）。

こうして、「心」「身」ともに心身統一法に励んだ結果、私の身体は頑丈になりました。だが、それで困ることもありました。あまりに頑丈すぎるので、周囲の人から薄気味悪がられるのです。平成に入って大学で教職に就いた私は、大学の先生方と連れ立って中国の華僑大学へ出かけたことがありました。環境問題に関する共同研究を行うためです。一週間ほどの滞在予定でしたが、先方の学長がテニス好きだったため、毎朝六時半から八時半までテニス、九時半から夕方まではずっとシンポジウムや会議、そして夜は懇親会名目の接待が連日続きました。私はクンバハカやプラナヤマを行っていたおかげでまったく疲れることがありませんでしたが、同行の先生方にはそれが信じられなかったようで、以後、私は彼らから「バケモノ」と呼ばれるようになってしまいました。

また、天風哲学や心身統一法の教義と、一般社会での常識との間にしばしば大きな溝を感じることもあり、私の考え方が一般の先生方の意見と大きく食い違うこともあったようです。たとえば、教員の増員について話し合うような会議で、私が自分の所属する学科よりも他の学科に与《くみ》するような発言をすると、後で必ずといってよいほど、何人かの先生が私の研究室へ真意を質《ただ》しに来られました。私は今後の日本経済の発展を考えれば中国語は無視できなくなると純粋に考え、語学の教員を増やすべきだと主張しましたが、他の先生は「それではわれわれの学科の利益にならない」という意味のことを言うのです。

世間では多くの人々が、自分の立場から、あるいは経済的な側面から、それが自分や自分が所属する組織にとって得なのか損なのか――という判断基準を重視しているように思えます。その一方で「世のため、他人《ひと》のために尽くそう」と純粋な心で考える人々はまだ少数派のようです。

天風教義の観点から言えば、これら両者の考え方は「気」が違うのであり、発想にプラスとマイナスの違いがあります。ところが、この違いについて説明しても、いくら積極的に活きることの意義を説いても、なかなか理解を得られなかったように思います。事実、少し前までは、天風会と言うと何か新興宗教のように受け取られ、私自身、変人扱いされることも少なくありませんでした。

ところが、最近はずいぶん様相が変わってきました。「中村天風をご存じですか？」と尋ねると、「ええ、本を読んだことがあります」という答えが返ってくることが多くなりました。そして天風哲学や教養を勉強し、それを実践したいと考える方々が少しずつ増えているのを肌で感じるようになりました。

私が尊敬する経営コンサルタントの船井幸雄氏は次のような趣旨の発言をしています。「今、地球の人類七〇億人の中の九九パーセントがネガティブ人間で、一パーセントがポジティブ人間です。しかし、今や世の中は、『有意の人』すなわち、ポジティブ思考の人々が増加することによって、急速に、良い方向へ変わろうとしています」

私は、ネガティブ思考の人々がポジティブ人間に変わるための最良の方法は、中村天風が創設した心身統一法を行じることだと確信しています。

そのようなことを考えていた時期に、講談社の青木肇さんのお勧めにより本書『天風入門』を出版できることになりましたことを、まことに嬉しく思います。この本を一人でも多くの方々にお読みいただき、心身統一法を実践することにより、幸せな人生を活きていただくことを心から願ってやみません。そして、個々の人々が幸福になるばかりではなく、「有意の人」が増加することによって、宇宙の進化と向上の一助となることができれば幸甚です。

平成二一年九月　　　　南方哲也

索引

心身統一法をもっと深く学びたい人のために

財団法人天風会は、中村天風が創設した会で、「心身統一法」を普及啓蒙することをその目的としています。

天風会では「心身統一法」の具体的な理論・行法を皆様にお伝えするために、書籍・ＣＤの出版・販売を行い、定期的な講習会・集中セミナー・行修会・修練会などの各種行事を開催しています。その活動範囲は全国にわたっています。

また、天風会ではその活動の趣旨・目的に賛同し、天風会の維持・発展にご支援いただける賛助会員を募っています。賛助会員の方へは、機関誌「志るべ」を毎月お届けし、各種行事に会員料金でご参加いただけます。

天風会の活動、取扱書籍、賛助会員制度に関する詳細はホームページをご覧ください。

① 中村天風著作三部作
「真人生の探究」「研心抄」「錬身抄」

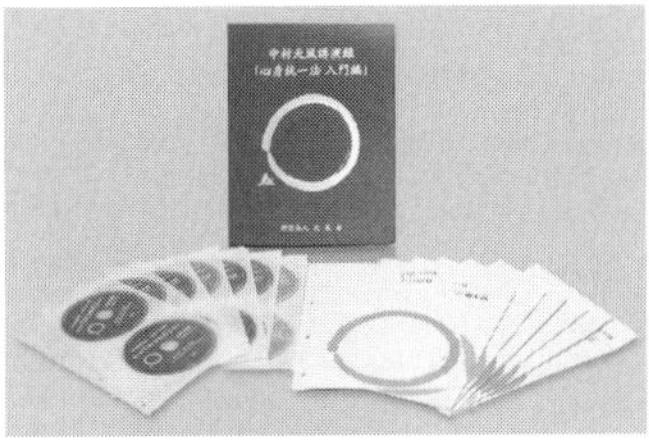

② 中村天風講演録CD
「心身統一法 入門編」

③ 心身統一法講習会

④ 毎夏開催される「夏期修練会」

財団法人 天 風 会

〒112-0012　東京都文京区大塚５丁目40番８号　天風会館
TEL 03-3943-1601　　FAX 03-3943-1604
E-mail　jimukyoku@tempukai.or.jp
ホームページ　http://www.tempukai.or.jp

プロフィール

南方哲也【編著者】　**みなかた・てつや**

1933年兵庫県生まれ。慶應義塾大学経済学部を卒業する前年の1955年に天風会入会。以後、1979年に天風会講師、2004年に天風会評議員を経て、2007年より天風会教務主任を委嘱、天風教義・理論指導の責任者の一人として、その普及に努めている。実生活ではリスクマネジメントの専門家として保険販売会社代表取締役、経営研究所所長、長崎県立大学教授、福岡国際大学教授を歴任。1985～1996年には英国ロイズ保険協会のアンダーライティング・メンバー（保険引受会員）として個人の資格で再保険の引き受けを行った。現在は日本リスクマネジメント学会理事、みた経営研究所取締役会長を務める。著書に『ロイズ物語』（清文社）、『危機管理マニュアル』（PHP研究所）、『リスクマネジメントの理論と展開』（晃洋書房）、『「保険代理店」経営の実務』（ダイヤモンド社）ほか。

財団法人天風会【監修】　**ざいだんほうじん・てんぷうかい**

1919（大正８）年、中村天風は、人間の心と身体の相関関係を科学的に考察し、人間に本来備わっている「生命の力」を充実させ、真の健康を確立する方法として心身統一法を創案し、「統一哲医学会」を創立した。同会は1940（昭和15）年に「天風会」と改称された後、1962年に厚生省（現厚生労働省）より財団法人の設立許可を受け、「財団法人天風会」となり、今日に至る。天風会では、心身統一法をはじめ中村天風の理念を後世に伝えるべく、全国各地で講習会、行修会、修練会を定期的に開催し、関連書籍の出版販売などを積極的に行っている。

天風入門《てんぷうにゅうもん》　中村天風《なかむらてんぷう》の教《おし》えで幸福《こうふく》になる！

2009年10月15日　第１刷発行
2022年２月４日　第10刷発行

編著者……………………南方哲也《みなかたてつや》
監修………………………財団法人天風会《ざいだんほうじんてんぷうかい》
装幀・レイアウト……川島 進（スタジオギブ）

KODANSHA

発行者……………………鈴木章一
発行所……………………株式会社講談社
東京都文京区音羽2丁目12-21［郵便番号］112-8001
電話［編集］03-5395-3522
［販売］03-5395-4415
［業務］03-5395-3615

印刷所……………………株式会社新藤慶昌堂
製本所……………………牧製本印刷株式会社
本文データ制作………講談社デジタル製作

ISBN978-4-06-215672-1